我爱

宁夏

山东画报出版社

图书在版编目（ＣＩＰ）数据

我爱宁夏/马小洋编著 . —济南：山东画报出版
社，2014.2

（中国梦家乡情丛书）

ISBN 978 – 7 – 5474 – 1218 – 3

Ⅰ.①我⋯　Ⅱ.①马⋯　Ⅲ.①宁夏—概况—青年读物
②宁夏—概况—少年读物　Ⅳ.①K924.3–49

中国版本图书馆 CIP 数据核字（2014）第 029368 号

责任编辑　许　诺
装帧设计　林静文化
主管部门　山东出版集团有限公司
出版发行

社　　址　济南市经九路胜利大街 39 号　邮编 250001
电　　话　总编室（0531）82098470　　（010）61536005
　　　　　市场部（0531）82098479　82098476（传真）
网　　址　http：//www. hbcbs. com. cn
电子信箱　hbcb@ sdpress. com. cn
印　刷　北京山华苑印刷有限责任公司
规　格　165 毫米×225 毫米
　　　　　12 印张　40 幅图　112 千字
版　次　2014 年 3 月第 1 版
印　次　2014 年 3 月第 1 次印刷
定　价　23. 50 元

序 言 PREFACE

月是故乡明

"中国梦 家乡情"丛书出版了,可喜可贺!

对家乡故土的眷恋可以说是人类共同而永恒的情感,对家乡和祖国充满热爱与牵挂,更是具有深厚文化底蕴和历史积淀的中华民族传统美德。

"乡愁是一枚小小的邮票,我在这头,母亲在那头。"台湾著名诗人余光中的《乡愁》诗曾在海峡两岸同胞心中激起强烈的共鸣。诗人把对亲人、家乡、祖国的思念之情融为一体,表达出远离故乡的游子渴望叶落归根的浓郁而又强烈的家国情怀。纵览历史长河,历代志士仁人留下了多少对家乡魂牵梦萦的不朽诗篇,激励着一代代中华儿女的爱国思乡情怀。李白的"举头望明月,低头思故乡",杜甫的"露从今夜白,月是故乡明",无一不是抒发浓浓的思念故土之情。

民族传统文化是一条奔流不息的长河，从古至今绵延不绝。家乡是一棵枝繁叶茂的大树，守护着我们的生命，铭记着我们的归属。而薪火相传的家乡文化则是一方沃土，拥有着最厚重、最持久、最旺盛的生命力，滋养着一代又一代的青少年茁壮成长。中国有着九百六十万平方公里的土地和辽阔的领海，山河壮丽，幅员辽阔，物华天宝，人杰地灵。不同的地域有着不同的源远流长的家乡文化，辉煌灿烂，博大精深，特色鲜明，各有千秋。

　　一方水土孕育一方文化，一方文化影响一方经济造就一方社会。在中华大地上，不同地域有着不同的自然地理环境、民俗风情习惯、政治经济情况，形成了各具特色的地域文化。中国是世界上最古老的文明国家之一，有着几千年光辉灿烂的文明历史，行政区划的历史也十分悠久。从公元前688年的春秋时期开始置县，中国的行政区划至今已有2500多年的历史。作为最高一级的行政区划单位，省级行政区域的设立和划分起源于元朝。后来不同朝代和历史时期多有调整，到目前为止，我国共有23个省，5个自治区（自治区是中国少数民族聚居地方实行民族区域自治而建立的相当于省的行政区域），4个直辖市（直辖市是人口比较集中，在政治、经济、文化等方面具有特别重要地位的省级大城市），2个特别行政区（特别行政区与省、自治区、直辖市同属直辖于中央人民政府的地方行政区域）。此外，台湾作为一个省份，也是

我爱宁夏

中国领土不可分割的组成部分。这套丛书即是以省级行政区划为单元分册编写的。

这套丛书以青少年为阅读对象，力求内容准确可靠，详略得当，行文通俗，简洁流畅，注重知识性、趣味性、可读性，让青少年较为系统地了解家乡的自然环境、山川河流、资源物产、悠久历史、杰出人物、文化遗产、民俗风情、名胜古迹、经济建设等方面的情况，感受祖国各地的家乡之美。通过这些文化元素的熏陶，培养青少年对祖国和家乡的朴素感情，引导青少年热爱生于斯、长于斯的这片沃土，陶冶情趣，铸造性情。希望广大青少年认真阅读，汲取这套家乡文化读本中的精华，进而树立热爱家乡、热爱祖国的决心和信念，为建设家乡、建设祖国贡献力量。

（原新闻出版总署署长）

2014 年 2 月 6 日

目 录 CONTENT

我爱宁夏

第一章

天下黄河富宁夏

　　黄河抵中宁后，被南北走向的贺兰山脉挡住，通过青铜峡峡谷向北流，进入宁夏腹地银川平原。银川平原广阔，利用黄河水进行自流引灌已有两千多年的历史。这里物产丰富，名贵中药枸杞和银川大米品质优良，有"塞北江南"之美称。流经宁夏500公里的黄河，描绘出一幅"天下黄河富宁夏"的图景。

∧ 贺兰山

第一节 宁夏自然环境概述

一、地理概貌

宁夏在中国大西北的黄河中上游地区，位于黄土高原和内蒙古高原的过渡地带，地处北纬 34 度 14 分至北纬 39 度 23 分，东经 104 度 17 分至 107 度 39 分之间。疆域轮廓南北长、东西短。南北相距约 456 千米，北起石嘴山市头道坎北 2 公里的黄河河心，南迄泾源县六盘山的中嘴梁；东西相距约 250 千米，西起中卫营盘水车站西南 10 公里的田涝坝，东到盐池县柳树梁东北 2 公里处。总面积是 6.64 万平方公里。

从地貌上讲，宁夏在华北台地、阿拉善台地与祁连山褶皱之间。高原与山地交错带，大地构造复杂。南部以流水侵蚀的黄土地貌为主，中部和北部以干旱剥蚀、风蚀地貌为主，是内蒙古高原的一部分。境内有较为高峻的山地和广泛分布的丘陵，也有由于地层断陷又经黄河冲积而成的冲积平原，还有台地和沙丘。全境可分为南部暖温带平原地带、中部中温带半荒漠地带和北部中温带荒漠地带。全区从南向北表现出由流水地貌向风蚀地貌过渡的特征。从西面、北面至东面，由腾格里沙漠、乌兰布和沙漠和毛乌素沙漠相围，南面与黄土高原相连。地形南北狭长，地势南高北低，西部高差较大，东部起伏较缓。自北向南依次为贺兰山地、宁夏平原、鄂尔多斯高原、黄土高原、六盘山地等，平均海拔是 1090 米至 2000 米。北部地貌东西差异明显，黄河出青铜峡后，塑造了美丽富饶的银川平原。平原西侧，贺兰山拔地而起。东侧鄂尔多斯台地高出平原百余米，前缘为一陡坎，是宁夏向东突出的灵盐台地。据2004年初统计数据显示，宁夏地形中丘陵占38%，平原占26.8%，山地占15.8%，台地占17.6%，沙漠占1.8%。

1. "塞上江南"宁夏平原

宁夏平原又称银川平原，海拔1100～1200多米，地势从西南向东北逐渐倾斜。黄河自中卫入境，向东北斜贯于平原之上，河势顺地势经石嘴山出境。平原上土层深厚、地势平坦，加上坡降相宜、引水方便，便于自流灌溉。所以，自秦汉以来，劳动人民就在这里修渠灌田，发展了灌溉农业。两千多年来经劳动人民的辛勤开发，这里早已是渠道纵横、阡陌相连的"塞上江南"。宁夏平原现为宁夏的商品农业基地。宁夏平原以青铜峡为界，分为南北两部分。青铜峡口以南叫卫宁平原，比较狭窄，宽仅2～10公里，坡度较大，不仅有利于灌溉，排水也比较方便。地面径流及地下水均可顺利排入黄河。地下水位较低，土壤盐渍化现象较少。青铜峡以北的银川平原，地形开阔，有的地方竟达40公里以上。尤其是黄河以西的地区，平原面积较广，这里坡度较小，引水虽便，排水欠佳，过去缺乏良好的排水系统，积水汇集于洼地，人为地增加了许多湖泊。由于排水不畅，地下

＜银川平原

水位抬高，土壤的盐渍化现象严重。建国后加强了排水措施，盐碱滩被改造成为沃土，很多湖泊被排干，垦为农田。现在平原上还有不少湖泊，这些湖泊已成为今日发展淡水养鱼的重要场所。

2. 丘陵起伏的黄土高原区

宁夏南部为黄土高原的一部分，特点是丘陵起伏不断，其上黄土覆盖，厚的地方可达100多米，大致由南向北厚度渐减。六盘山主峰以南，流水切割作用显著，地势起伏较大，山高沟深。六盘山以北的地区，由于降水少，流水对地表的切割作用较小，除少数突出于黄土瀚海之上、状如孤岛的山峰之外，一般为起伏不大的低丘浅谷，相对高度在150米左右。凡有河流流过的地方，经河流的冲积，形成了较宽阔的河谷山地，宜于发展农业生产，是重要的粮油产地。许多低丘缓坡也多开垦成农田。丘陵坡下开挖的一排排窑洞，是劳动人民因地制宜建造的住房，也是这里普遍的、具有自然地理特色的人文景观。在人们对黄土丘陵地区长期垦殖的过程中，由于认识能力的限制，这里的生态环境逐年恶化，破坏了植被，水土流失严重，农作物产量下降。根治的出路在于大力植树种草恢复植被，保持水土，广辟水源。

∧ 黄土高原荒山造林工程

3. 风沙侵袭的灵盐台地

灵盐台地由风沙侵蚀而成。位于黄土丘陵区以北、银川平原以东，即灵武市东部和盐池县北部的广大地区，为鄂尔多斯高原的一部分，是海拔1200～1500米的台地。台面上固定和半固定沙丘较多。西部低矮的平梁与宽阔的谷地相交错，起伏微缓。谷地里散布着面积不大的盐池、海子，和生产食盐、芒硝等盐类似矿点。台地区降水少，地下水埋藏深，水质差，水分条件不好。风沙侵袭严重，沙荒多，农田少。天然植物主要是旱生草类和低矮的灌木丛，这里是生态比较脆弱的天然牧场。

二、气候特征

宁夏地处内陆，为温带大陆性半干旱气候。其中，南端（固原地区南半部）属南温带半干旱区，中部（固原地区的北部至盐池、同心一带）属中温带半干旱区，北部（银川平原）属中温带干旱区。南北气候差异大，具有南寒北暖、南湿北干，冬季严寒而漫长、夏季干燥少酷暑，春秋短暂，四季分明，降水南多北少，日照充足的特点。

全区的年平均气温在5摄氏度到10摄氏度之间，昼夜温差大，有"早穿皮袄午穿纱，晚上围着火炉吃西瓜"之说。年降水量一般在200毫米至600毫米之间，由南向北呈递减之势，且多集中在7、8、9三个月份。全年日照时间长达3000小时，无霜期约160天左右，是我国日照和太阳辐射最充足的地区之一。

受上述自然气候特征的影响，宁夏是全国气象灾害最严重的省区之一。气象灾害种类多、危害大，干旱、冰雹、霜冻、大风、沙尘暴、雷电等灾害及其次生、衍生灾害频繁发生。据统计，1985年至2005年宁夏发生的各类自然灾害中，气象灾害占80%以上，造成的直接损失约占全区GDP的1.9%至6.5%，由其引发的生态、资源、环境等方面的间接损失难以估量。

我爱宁夏

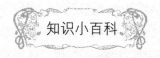

知识小百科

宁夏应对气候变化发展避灾特色农业

宁夏回族自治区中南部干旱少雨，一个"抗"字曾是许多地方应对气候的不变主题，结果"年年抗旱年年旱"。近年在科学发展观指引下，这里的干部群众遵循自然规律，顺应天时探求农业生产新路子，一项项优势特色产业纷纷崛起。

> 宁夏南部山区一农民在温棚内采
摘反季节油桃。

大气环境恶化，有关部门统计，全国 338 个城市中，只有 33.1％的城市达到国家空气质量二级标准，剩余的 66.9％都超过二级标准，其中有 137 个超过三级标准，占统计城市的 40.5％。

三、自然资源

宁夏土地和矿产资源丰富，农业和能源优势突出。

1. 农业优势

宁夏北部川区是黄河平原，地势平坦，沃野千里，以水稻的优势高产久负盛名；南部山区为黄土高原，草场广阔，宜林宜木，是滩羊、沙毛山羊的重要产地。农业在宁夏的国民经济中占有非常重要的地位，土地资源和技术开发潜力巨大。自秦汉以来，引黄灌溉区先后开掘了秦渠、汉延渠、唐徕渠、固海扬水工程和盐环定扬黄工程，从而形成了以自流灌溉区为主，扬黄灌溉区为辅的灌溉体系，每年可利用水达40亿立方米。由于有丰富的水、土、光热等各种资源，从而形成了绿树成荫、沟渠纵横、田园如画、稻香鱼肥、瓜果飘香的"塞上江南"的独特景观，自古就以"天下黄河富宁夏"的美誉闻名于世。宁夏现有耕地1900多万亩，人均3.5亩，居全国第二。其中水浇地600余万亩，人均1.2亩以上。适宜农耕的土地1000多万亩，是全国八大宜农耕地超过千万亩的省区之一。有可利用的草原4500多万亩，是全国十大牧区之一。引黄灌溉区是全国四大自流灌溉区之一，是全国十二个商品粮基地之一。水稻单季亩产近800公斤，小麦套种玉米平均亩产700公斤，在西北地区名列前茅。宁夏粮食人均占有量居全国第

< 宁夏中部农民展示压砂种植的西瓜。

我爱宁夏

四位，牛奶人均占有量居全国第三位。现有七个县市和一个市分别被列为全国商品粮基地和"两高一优"农业示范区。农林牧渔基地正在陆续兴建，以粮食加工、绒毛皮加工、葡萄酿酒、生物制药、水果蔬菜为主的新的优势产业群正逐步形成。现在，宁夏是全国最大的发菜市场和枸杞集散市场，是全国最大的绒毛皮集散市场，是全国最大的马铃薯淀粉生产基地，是全国最大的葡萄酒原料种植基地。

2. 能源优势

全国已探明的十个种煤，宁夏有九个，被称为"煤王"的"太西煤"在国际市场上享有盛誉。煤炭预测储量2026亿吨，仅次于山西省。已探明310亿吨，居全国第六位，人均占有量居全国第一位。现年产煤1800万吨，人均煤炭产量居全国第三位。仅灵武煤田探明储量就有270多亿吨，相当于东北三省探明储量的总和。

其它非金属矿产资源丰富，主要有石膏、石油、天然气、陶土、石英砂岩、石炭岩、重晶石等。石膏蕴藏量居全国第一，已探明的同心县贺家口子大型矿床，石膏储量达20亿吨，国内罕见。地跨宁夏的陕甘宁盆地天然气田，已探明储量达2000多亿立方米，是世界级大气田。宁夏电力资源充足，目前已建成大型发电厂五座，装机容量223万千瓦，人均发电量居全国第二位。

按国家规划，宁夏可利用丰富的煤炭、水电资源，形成1000万千瓦的电力工业规模，跻身于水电火电共济，质量好且价格低，效益最佳的大型电力基地行列。以能源优势为基础，宁夏基本形成了以煤炭、电力、冶金、机械、化工、纺织、造纸、食品、建材等行业为主体，门类齐全、结构日益完善的工业体系。铁合金、煤素制品、电解铝、轮胎、机床、轴承等在全国占有一席之地。钽铌铍、金属镁、金属钠、双氰胺、石炭氮等工业产品产量居全国首位，其中钽铌铍产量占世界总产量的三分之一。

知识小百科

太西煤

太西煤被誉为宁夏的"太西乌金"，在国际上被称为"煤中之王"，煤质超过北京、阳泉、焦作、晋城等无烟煤，居全国之首。太西煤与著名的越南鸿基煤齐名，目前全世界只有中国宁夏和越南有储藏。这种优质无烟煤属珍稀煤种，具有低灰、低硫、低磷、高发热等优良品性，是目前国际市场上卖价最高和最抢手的煤种。

驰名中外的太西煤，以宁夏汝箕沟、白芨沟、大丰矿所产最佳。不仅大小、形状都加工成一个规格，而且乌黑晶亮，触之不染，燃之无烟。既是理想的化工原料，又是国外古式高级住宅壁炉的上等燃料。太西煤燃烧的时候无烟、无嗅、无味、火力强，是理想的民用燃料。太西煤如今已经远销到英国、法国、比利时、德国、马来西亚、菲律宾等许多国家和香港地区，海外富翁以能烧到太西煤而自豪。

< 太西乌金——煤中之王

四、著名土特产——宁夏"五宝"

1."红宝"枸杞

枸杞是一味名贵的中药材，其药用历史已有两千多年。现代医学证实，宁夏枸杞除富含蛋白质、植物脂肪、无机盐外，还含有锌、钙、锂、硒、

我爱宁夏

中宁枸杞 >

锗等多种微量元素，具有促进和调节免疫功能、保肝和抗衰老三大药理作用，其食用、保健、美容价值也极高，是一种养颜益智的滋补佳品。

宁夏是中国枸杞的主产区，中宁县是世界枸杞的发源地和正宗原产地，其人工栽培历史已有六百余年。得益于宁夏河套灌区特定的生态地理环境和优越的水土光热条件，宁夏生产的枸杞，尤其是中宁枸杞以粒大色鲜、皮薄肉厚、口感纯正、甘甜爽口的特点，在全国同类产品中品质最优，是举世公认的绝品，也是唯一被载入新中国药典的枸杞品种，因此，素有"天下枸杞出宁夏，中宁枸杞甲天下"的美誉。早在1961年，中宁县就被国务院确定为中国枸杞生产基地县，1995年和2000年又被国务院命名为"中国枸杞之乡"、"中国特产之乡"，2001年，又取得了国家工商总局批准的"中宁枸杞"证明商标。

2. "蓝宝"贺兰石

贺兰石，又称吉祥石、碧紫石，为宁夏五宝之首，堪称西夏古韵之魂。贺兰石产于宁夏贺兰山滚钟口（在银川市西北35公里处，古为贺兰山胜境之一，现为宁夏著名的避暑、游览胜地）。它孕育形成于13亿年前的震旦纪中前期，是地层中的杂色沙质板岩经过漫长的岁月，在自然应力的锤炼下，加上铁、锰、锌等元素的逐渐渗透，兼和多种微量元素的块状岩体。其开采历史也已二百多年。贺兰石究竟何时登上石刻舞台，众说不一。清末已流传"一端二歙三贺兰"的说法，说明贺兰石在我国源远流长的工艺史上具有一定地位。

贺兰石结构均匀，质地细腻，刚柔相济。色泽清雅莹润，紫中嵌绿，绿中附紫，紫绿两色天然交错，有玉带、云纹、眉子、石眼等形状，美妙多姿，是一种难得的雕刻石料。用它雕刻的贺兰砚，图案千姿百态，作为工艺品，深得海内外民众的喜爱。似云、似月、似水、似山的图案，雅趣天成，经能工巧匠的精心雕饰，每款饰品色样世上独一无二。1963年12月，董必武视察宁夏时，也曾为贺兰石砚提诗："色为端石微紫深，纹似金星细入肌；配在文房成四宝，磨而不磷性相宜。"1997年宁夏赠送香港特别行政区的礼品，就是用贺兰石制作的石砚"牧归"。

近年来，在北京、上海、广州等大中城市，佩戴贺兰石饰品已成为一种流行和时尚，它能够体现人们向往神秘、崇尚自然、回归自然的本色。如今贺兰石饰品已成功进入国际市场，远销欧美、东南亚各国。

< 贺兰石砚

我爱宁夏

3. "白宝"滩羊 "二毛皮"

莽莽贺兰山麓或滚滚黄河之滨，一团团如白云滚来的羊群，令人浮想联翩，"天苍苍，野茫茫，风吹草低见牛羊"的诗句就在你眼前。滩羊是蒙古羊的后裔，后经游牧迁徙到宁夏黄河两岸的草滩上繁殖，成为世界上独一无二的优良裘皮羊。宁夏草原干旱少雨而牧草丰足，水质微碱而矿化度高，正是滩羊繁育的天赋条件。宁夏滩羊肉营养丰富，肉质细嫩。不膻不腥，味美可口，是佳肴上品，深受美食家们的欢迎。滩羊肉，今天除供给本地区各族人民食用外，还运往外省市和出口阿拉伯国家。宁夏滩羊之盛名，主要是由于羊羔皮珍贵所致。滩羊羊羔出生35至40天时被宰杀，宰杀后获取的皮子，采用化学制剂和先进工艺精制而成的裘皮，即称"二毛皮"。二毛皮板薄如厚纸，不仅坚韧柔软，而且非常轻便，向有"轻裘"美称。二毛皮毛质细润，洁白如雪，光泽如玉，毛穗自然成绺，纹似波浪，弯曲有九道之多，故称"九道弯"。若将皮板轻轻抖动，毛穗顺次倾垂，犹如平湖波荡，瑞雪飞落，轻盈动人，令人爱不释手。用滩羊皮精细加工的男女冬装、猎装，穿着轻便，暖和舒适，美观大方，雍容华贵，在国内外享有崇高声誉，一直是国家的传统出口商品。用滩羊毛生产的毛毯，以纤维匀长、绒毛滑松，富于光泽和弹性而驰名中外。

滩羊 >

天下黄河富宁夏

4. "黄宝"甘草

甘草亦称"甜草"，被美国、日本等国家称为"仙草"、"神草"，在中国有两千多年的历史，是我国四大宝药之一。宁夏素来就是甘草之乡，甘草盛产于盐池、同心和灵武等地。宁夏甘草历史源远，名盖西北，故又有"西镇甘草"、"西正草"之称。

宁夏雨量稀少，日光充沛，温寒兼容，土质深厚，这种特殊的环境培养了独具特质的西镇甘草。宁夏目前已在多处建立中药材人工种植基地，宁夏人工种植甘草面积已达到了3万亩以上，既增加了当地农民的收入，也保护了当地生态环境。

甘草为豆科多年生草本植物，奇数羽状复叶，夏季开花，蝶形花冠，紫色，总状花序。主根甚长，根和根状茎均含甘草甜素。甘草秋季采挖，除去茎基、枝杈、须根等，自然晒干，切成片状。甘草因其清平无毒，在历史上被尊为众药之王，素有"软黄金"之称，在《本草纲目》草部中排第一，是解"七十二毒"的调和药，也是中药配方用量最大的草药。根据现代科学研究，甘草含有一百多种微量元素，主要成分有甘草酸、甘草皂

< 宁夏甘草

我爱宁夏

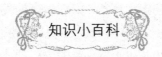
盐池：中国甘草之乡

盐池县是全国乌拉尔甘草的重要产区，是宁夏的甘草资源集中分布区和"西正甘草"的主产区，也是国家中药现代化科技产业宁夏中药材基地。由于盐池甘草分布面积大、储量多、品质好，并且其本身色红皮细、骨重粉足、条干顺直，甘草酸和甘草黄胴含量都非常高，1995年被国务院命名为"中国甘草之乡"，2008年成功注册"盐池甘草"原产地证明商标。宁夏盐池县已经成为我国最大的甘草种苗培育基地，依托当地优质的甘草资源优势，将甘草作为特色产业重点发展。随着近几年国内外市场需求量的逐年加大，甘草已成为当地农业增效、农民增收的重要途径。

甙等。甘草酸是非常珍贵的天然解毒剂，对人体有抗衰老、抗炎症、降压、增强机体免疫力、提高生理机能、抑制癌细胞生长等作用。

5. "黑宝"发菜

发菜是一种藻类，因风干的发菜形状、色泽酷似妇女的头发而得名。它大多生长在干旱草原、荒漠、平滩荒地和低山小丘，甘肃、陕西、青海、

发菜 >

新疆均有生产，而以宁夏最为著名。宁夏生产的发菜色泽乌黑、丝长柔韧、质地优良。宁夏不仅是发菜的生产区，而且是最主要的交易集散地，年成交量达到全国总产量的80%以上。发菜的蛋白质含量达20%以上，比肉类、牛奶、鸡蛋都高；而且含钙、磷、铁、脂肪、糖类及多种维生素，是一种高档食品，与海参、鱼肚、燕窝、鱿鱼、猴头、鱼翅、熊掌合称为"美味八珍"。用它制成的菜肴，风味独特，别具一格，又因其与"发财"谐音，是喜庆宴席必不可少的山珍，自然也是馈赠亲友的佳品。发菜还有药用价值，如助消化，解积腻，清肠胃，降血压，治疗妇女病，加速伤口愈合。

第二节　宁夏的名山大川

宁夏背山面水，境内广布名山大川。"西北以山为固，东南以河为险"是明代所修《一统志》对宁夏地区山川形胜的简明概括，认识宁夏不能不对其境内山川有所了解。

一、西北以山为固

1.贺兰山

贺兰山脉位于宁夏回族自治区与内蒙古自治区交界处，是宁夏的西北山岭。北起巴彦敖包，南至毛土坑敖包及青铜峡。山势雄伟，若群马奔腾。南北长220公里，东西宽20～40公里。南段山势缓坦，赤木口以北的北段山势较高，海拔2000～3000公尺。主峰亦称贺兰山，海拔3556公尺。

山地东西不对称，西侧坡度和缓，东侧以断层临银川平原。贺兰山为强烈地震带，1739年银川附近发生8级地震，1561年在中宁、1709年在中卫都发生过7.5级地震。贺兰山北段煤藏丰富，新建有贺兰山煤炭工业基地。包兰铁路有支线由平罗伸至贺兰山的汝箕沟。贺兰山脉为南北走向，绵延200多公里，宽约30公里，是中国西北地区的重要地理界线。山体东侧巍峨壮观，峰峦重叠，崖谷险峻。向东俯瞰黄河河套和鄂尔多斯高原。山体西侧地势和缓，没入阿拉善高原。

贺兰山名称来源于古代的鲜卑贺兰氏人，他们曾居住于此。而鲜卑贺兰氏源于古代部落贺兰部（有说法贺兰部本是古代匈奴部落之一，后与鲜卑联合）。贺兰氏在北魏孝文帝实行汉化改革之后融入汉族。"贺兰山"这个名称，最早见于记载的是《隋书·赵仲卿传》，隋朝开皇三年（583），赵仲卿为攻打突厥而出贺兰山。

贺兰山东麓分布着极为丰富的岩画遗存。自20世纪80年代贺兰山岩画被大量发现并公布于世后，在国内外引起了强烈反响。1991年和2000年，联合国教科文组织所属的国际岩画委员会在亚洲召开的两次年会都选择在银川举行。1996年，贺兰山岩画被国务院公布为全国重点文物保护单位。1997年，国际岩画委员会将贺兰山岩画列入非正式世界遗产名录。

贺兰山 ＞

贺兰山的各种资源中尤以煤炭著名，其盛名可追溯至元朝。公元1272年，马可·波罗穿越西夏旧地，他发现贺兰山北部有一种黑色的"会燃烧的石头"，这就是贺兰山的煤。贺兰山的林草资源为许多动物提供了食物来源，成就了一座牧山，也成就了山两侧的"中国骆驼之乡"和"中国滩羊之乡"。

此外，贺兰山独特的地理位置使其成为兵家必争之地。中国的各个大山中，没有一座像贺兰山这样一直处于频繁战争的状态中。秦汉时期，贺兰一地成为中原政权与匈奴的必争之地。如，公元前127年，汉朝著名战将卫青、李息率军北上抗击匈奴，就将中原汉族政权的军事力量延伸到贺兰山地区。辽宋夏金元时期，发生在贺兰山的战役基本在西夏人和辽国之间进行。西夏后期，贺兰山成了大白高国抵御来自北方蒙古族铁骑的一个屏障，一支支隐藏在贺兰山深处的西夏骑兵，成了保卫帝国首都的精锐力量。明朝建立后，国土边防线大大收缩，宁夏是明廷的九边重镇，贺兰山成了明朝政府在西北地区和蒙古残余势力中的瓦剌、鞑靼之间的界山。整个明朝，也是瓦剌、鞑靼常常突破贺兰山和明朝军队征战的时期。清朝时，蒙古额鲁特、和硕特等部开始在贺兰山西边屯牧，也结束了这里长期的战争局面。随着清朝疆域面积的扩大，贺兰山东边也不再有大的战事，一个相对宁静的贺兰山出现在了中国近现代史中。

历史上有不少与贺兰山有关的诗歌。如，唐代韦蟾的《送卢藩》：

贺兰山下果园成，塞北江南旧有名。

水木万象朱户暗，弓刀千骑铁衣明。

心源落落堪为将，胆气堂堂合用兵。

却使六藩诸子弟，马前不信是书生。

又如，元代贡泰父的《兰山图》：

太阴为峰雪为瀑，万里西来一方玉。

使君坐对兰山图，不数江南众山绿。

知识小百科

贺兰山苏峪口国家森林公园

　　苏峪口国家森林公园位于宁夏首府银川市西北50公里的贺兰山国家级自然保护区内。其山体巍峨，森林茂密，自然风光秀丽，人文景观独特。近万公顷的范围内，油松、杜松、云杉等天然林木一望无际；樱桃、丁香、蒙古扁桃等珍稀灌木遍布山谷沟壑。尤其是当您踏入国家森林公园的深处，登上青松岭的峰顶，人处在苍茫林海之中，低头看百丈悬崖，放眼望都郁葱葱。古松立于峭壁之间，残雪留存高山之上，松涛阵阵，云雾蒙蒙，宏伟险峻的景观给您一种回归大自然、陶醉大自然的美好心境。苏峪口国家森林公园被国家环保部和科学技术部授予"国家环保科普基地"称号，成为继沙坡头国家级自然保护区之后宁夏第二家获此殊荣的单位。

∧ 苏峪口国家森林公园

天下黄河富宁夏

<六盘山

2. 六盘山

六盘山是中国西部山脉，位于宁夏、甘肃、陕西交界地带。逶迤二百余公里，海拔3000米左右。它以磅礴的雄姿，横贯陕、甘、宁三省区，既是关中平原的天然屏障，又是北方重要的分水岭。黄河水系的泾河、清水河、葫芦河发源于此山。六盘山有4万多公顷天然次生林，其独特的地理位置和巨大的生态功能对贫瘠干旱的宁夏南部山区的广阔地域环境起着十分重要的湿润调解作用。宁夏在六盘山相继建立了自然保护区和风景名胜区。

六盘山山地东坡陡峭，西坡和缓，为强烈地震带，1920年海原曾发生8.5级地震。降水量较周围高原稍多，高山上有小片松林，其余部分为草地。发源于山地北侧的清水河向北流注黄河，东侧为泾河上游，西南侧诸水汇入葫芦河，再入渭河。南段陇山古称陇坂，南北长约100公里，海拔2,000公尺左右。山势陡峭，为渭河平原与陇中高原的分界。

3. 其它名山

莎罗摩山。位于贺兰山灵武口旁边。临近莎罗摩山的区域，常常有水从地表涌出，正因如此，这里曾经筑有龙王祠。史称莎罗摩山（明代嘉靖

我爱宁夏

所修宁夏地区地方志称莎罗摩山为"沙罗模山")"水自地涌出，就有龙王祠，祷旱多应"。

峡口山。有两座主峰，黄河流经其间，古称"青铜峡"，山上有古塔一百八十余座。宋代张舜民有诗这样描述峡口山：

> 青铜峡里韦州路，十去从军九不回。
>
> 白骨似沙沙似雪，凭君莫上望乡台。

黑山。位于贺兰山东北边缘地带，山脉形状如同虎踞，南端靠近黄河，也是一处重要的关隘。史称其地处"贺兰山东北尾也，其形如虎踞，下饮黄河，亦一亢隘也"。

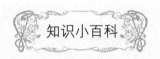

知识小百科

中卫寺口

中卫寺口位于宁夏中卫市，历史上是汉朝中郎将苏武出使匈奴被扣留后牧羊的地方。是西域大漠一处值得一游的古迹。寺口古称北海，面积10平方公里。寺口风景旅游区南依香山，重嶂叠黛，山道奇险，古时为锁扼固原、平凉、西安等地的咽

中卫寺口 >

喉要道；北临卫宁平原，大河中流，平畴万亩，塞上江南风光无限；东望西夏古都银川市；西接旅游胜地沙坡头，是银川之门户，卫宁之屏障，乃古来兵家必争之地。得天独厚的地理形胜和悠久的典故传说给寺口留下了悠久辉煌的文化积淀：西汉名臣苏武持节牧羊十九载，其事迹感人肺腑，催人泪下。"苏武断桥"、"苏武栖身石窟"等遗迹在这里不胜枚举；宋代杨家将的故事在这里妇孺皆知。还有些鲜载史册的历史传说、典故在寺口千古流传。优美奇绝的自然风光又使其独秀天下：塞外罕见的丹霞地貌，怪石嶙峋的"石匣子"，妙趣天成的"神仙脚印"与"元阴"，奇险雄美的"寺口大峡谷"、"灵仙谷"，还有涛涛林海，潺潺泉水，东岭日出，西峰岚烟……

二、东南以水为险

1. 黄河（宁夏段）

黄河，全长约 5464 公里，流域面积约 79.5 万平方公里，是中国第二长河，世界第五大长河。它发源于青海省青藏高原的巴颜喀拉山脉北麓的卡日曲，呈"几"字形。流经青海、四川、甘肃、宁夏、内蒙古、山西、陕西、河南及山东九个省，最后流入渤海。

宁夏境内，黄河自兰会流入，其间流经中卫、峡口、东胜、云中、延绥，在宁夏东北部流入内蒙古。黄河宁夏一段对宁夏省意义重大，因为正是借助引黄自流灌溉之利，宁夏才成为物产富庶的"塞上江南"和"西北粮仓"，故有"天下黄河富宁夏"之称。著名的黄河鲤鱼、肉味鲜美的鸽子鱼，还有鲫鱼、鲶鱼、赤眼鳟等二十多个品种，都是黄河馈赠给宁夏的美味。黄河的恩赐不止这些，就连河里的泥沙（宁夏黄河泥沙比中下游少得多，平均每立方米只有6.5公斤）也随着渠道进入灌溉区，成为改良土壤，淤澄低洼地的重要资源。史载黄河宁夏段"河自兰、会北流，两岸层崖峭

宁夏黄河大峡谷 >

壁，河狭而水势湍急，商市庄、宁山木而下者，日行可二百里。宁夏宫室
廨署棹楔之用，多取材焉。经中卫入峡口，洒为唐、汉各渠，溉田数万顷。
又东北过新秦中，入龙门。由延绥南至华阴，而东至河南境，因有河套之
地。"古安塞王有诗一首，就与流经宁夏地区的黄河之水有关，诗文如下：

> 百折洪波万里秋，天潢宛转是同俦。
>
> 青青烟草汀州合，滚滚鱼龙日夜浮。
>
> 嘉瑞已为当代应，浊流还带昔人愁。
>
> 澄清本亦吾徒事，便欲昆仑顶上游。

2. 泾河

泾河是黄河中游支流渭河的最大支流，发源于宁夏六盘山东麓。有两
个源头，南源出于泾源县老龙潭，北源出于固原县大弯镇。两河在甘肃平
凉八里桥附近汇合后折向东南，流经泾川，于杨家坪进入陕西长武县，于
长武县亭口附近先后纳马莲河、蒲河、黑河等支流，形成辐射状水系，再
流经彬县、永寿、淳化，在泾阳县张家山界入关中平原，在陕西高陵县陈
家滩附近注入渭河。

泾河长451公里，流域面积约45,400平方公里，主要支流有马莲河、
蒲河、黑河、马栏河、汭河等，大部分支流深切于黄土丘陵和黄土高原，
河谷狭窄。泾河以洪水猛烈、输沙量大著称（居全国江河支流之冠），是

< 泾河源崆峒水库

渭河和黄河主要洪水、泥沙来源之一。陕西境内多险滩，跌降高差 3 ~ 7 公尺，多形成瀑布急流。夏秋多暴雨，故以洪水猛、泥沙多著称。泾河流域水利开发很早，秦时开郑国渠引泾水灌溉关中平原；上游平凉、泾川等地也远自唐代即已开渠兴利。现在上、中游修筑水库，下游扩建泾惠渠灌溉工程，增加了灌溉面积。

知识小百科

泾河老龙潭的传说

泾源县因泾河发源于境内而得名。千百年来，民间留下了许许多多美丽的传说。吴承恩《西游记》第十回"老龙王拙计犯天条，魏丞相遗书托冥吏"，说的就是泾河老龙潭发生的故事。传说唐贞观年间，连年大旱，颗粒无收。宰相魏徵扮作老农微服私访到了老龙潭，信手卜卦，得知玉皇大帝已降旨八河总督泾河老龙次日子夜布雨，便在干裂的地里种瓜点豆。变作凡人的泾河老龙见状很是惊奇，魏徵实言相告，

我爱宁夏

龙王此时并不知降旨布雨之事，便与魏徵打赌以争输赢。泾河龙王回宫后果然接到玉皇大帝的圣旨，为了不输给魏徵，擅自将一天一夜的和风细雨改为三天三夜狂风暴雨，直下得洪水泛滥成灾。一天，魏徵与唐太宗李世民对弈时突然熟睡，原来此时玉皇大帝召见魏徵，命其监斩触犯天条的泾河龙王，梦中魏徵将泾河老龙斩首。

泾源县老龙潭 >

3. 清水河

清水河位于宁夏回族自治区南部，古代称西洛水、高平川水、蔚茹水，发源于六盘山东麓开城乡境内的黑刺沟脑，长303公里，是宁夏境内流入黄河最大、最长的支流。

历史上，清水河两岸台地是土著人生息繁衍和耕牧的地方，也是北方少数民族相互融汇的地方。清水河谷地是古丝绸之路固原境内的一部分，也是萧关古道的的一部分，更是古代北方少数民族进入中原的主要通道。现在，清水河沿岸还有不少规模很大的古城遗址，是历代战争留在清水河两岸的缩影。郦道元在他的《水经注》里将清水河的走向、汇入的小支流、流经的地方等写得非常清楚。

天下黄河富宁夏

< 固原清水河

相传，西周时期，褒姒出生时被遗弃于清水河，被人救起。后成为周幽王宠妃，直至王后，上演了烽火戏诸侯的闹剧。

4.苦水河

苦水河位于宁夏回族自治区东部，又名山水河，是黄河的一级支流。发源于甘肃省环县沙坡子沟脑，向北流入自治区境，经宁夏盐池县、同心县和吴忠市境，至灵武市新华桥汇入黄河。长 224 千米，宽 100 ~ 200 米，流域面积 5218 平方千米，宁夏境内 4942 平方千米。年平均径流量 1550 万立方米。年平均含沙量 350 公斤／立方米。苦水分布广，结冰期从 11 月

< 苦水河

我爱宁夏

下旬至翌年 3 月中旬。建有中小型水库。有甜水河、小河、石沟驿沟等主要支流。

5. 其它河泊

黑水河。古代少数民族称之为哈喇兀速河，位于银川东部九十里处，河套内。黑水河并非发源于宁夏，而是由暗门流入境内，向西流入黄河。史载黑水河"在（宁夏）府东九十里，河套内。源出边外，由暗门入境，西流入黄河"。大明《一统志》载"番名哈喇兀速河"。

长湖。位于张政堡，离银川十五里。长湖水质优异，人们常用"淳泓浩渺，水光澄碧"来形容长湖湖水。安塞王这样描述长湖景象：

浩荡烟波玉一弯，孤村相映绿杨间。

数行沙鸟冲人起，一叶渔舟舣岸闲。

天际远山横翠霭，堤旁野潦沁红营。

客怀吟思殊无极，征骑匆匆又促还。

靖虏渠。西夏元昊的废渠，因西夏王室为李姓，故旧称李王渠，南北长三百余里，弘治十三年，巡抚都御使王珣上奏重新开凿该渠，于是命名为靖虏渠。其奏章这样说："一以绝虏寇，一以兴水利，但石坚不可凿，沙深不可浚，财耗力困，竟不能成，仍为废渠。"

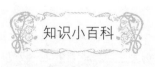

知识小百科

黄沙古渡

黄沙古渡的名称源于黄沙嘴。滔滔万里黄河在宁夏腰部穿过，流程 390 多公里，在宁夏有许多古老的渡口。其中最负盛名的是横城渡口。横城渡口是一处古老的黄河渡口，早在西夏时期就已有了，是西夏国重要交通咽喉。横城位于银川市东三十余里的黄河东岸，这里登高东望，是浩瀚无垠的黄沙，隔河西眺，则是一片一望无际的绿色田野。滔滔的黄河水从这里向北奔腾而去；蜿蜒的明代长城向东南伸延。由于横城之北有个地名叫黄沙嘴，所以明代又把横城渡称为"黄沙古渡"。黄沙古渡汇集了黄河、大漠、湿地、湖泊、田园为一体的自然景观。相传康熙微服私访及亲征噶尔丹、昭君出塞和亲、蒙恬北击匈奴皆由此西进。朱元璋第十六子庆靖王朱栴曾作《黄沙古渡》："黄沙漠漠浩无垠，古渡年来客问津。万里边夷朝帝阙，一方冠盖接咸秦。风生滩渚波光渺，雨打汀洲草色新。西望河源天际远，浊流滚滚自昆仑。"以此描述黄沙古渡在交通上的重要地位。

< 黄沙古渡

第三节　高原绿岛——丝绸之路的重要通道

　　丝绸之路，简称丝路，是指西汉（前202—8）时，由张骞出使西域开辟的以长安（今西安）为起点，经甘肃、新疆，到中亚、西亚，并联结地中海各国的陆上通道（这条道路也被称为"西北丝绸之路"，以区

我爱宁夏

别日后另外两条冠以"丝绸之路"名称的交通路线)。因为由这条路西运的货物中以丝绸制品的影响最大，故得此名。其基本走向定于两汉时期，为了方便对丝绸之路的研究，人们根据地理上和政治上的状况，把整个丝绸之路从东向西划分为东段、中段和西段三部分：东段从长安出发，经河西走廊到敦煌；中段即西域段，在今天的新疆境内；西段为中亚和欧洲各国段。宁夏位于陕西、甘肃和蒙古之间，正是在我国中原和西域的交汇处。此外，宁夏地处黄河流域，在中华民族的"摇篮"之中开发较早，因而，交通大道的出现也较早。这一独特的地理位置和开发优势使其成为丝绸之路的重要组成部分。根据历史背景、连通地区的不同，可以把宁夏的丝绸之路归纳为三个时期，三种走向，即唐中叶以前的长安—凉州北道，唐末、五代及宋初使用的主线——灵州西域道和元代以后的六盘山至兰州新线。

一、长安—凉州北道

汉魏时期，丝绸之路东段即从长安经河西走廊至敦煌，有南、北两条路线。南道是从长安出发，沿渭河西行，经宝鸡、天水、陇西、临洮、金城（今兰州），由此渡过黄河，进入河西走廊。北道是从长安出发，沿泾河向西北行，经陕西的乾县、永寿、彬县和甘肃的泾川县、平凉市进入宁夏固原境内，过赤木口、瓦亭，经青石嘴、开城抵达固原，再往北经三营、黑城，沿苋麻河到海原的郑旗、贾塘，过海原县城、西安州、干盐池又进入到甘肃境内，从靖远县东北的石门附近渡过黄河，经景泰县抵达武威（古凉州），再转河西走廊去敦煌。这条经固原的北道路线在宁夏境内长近200公里，行程比南道少100公里，路途平坦易行，开辟的时间要比南道早，是秦汉时期关中通向河西的主要道路，西北草原游牧民族东进和建都关中的政权西出常常走的就是这条道路，也是丝绸之路形成后东段的一条最佳线路。

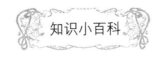

萧关古道

萧关道的称谓是因萧关而来的。广义的萧关道，指汉唐丝绸之路东段北道。它既是中原通西域的交通要道，又是一个区域的泛称。大致包括两条走向。一是由长安出发，沿泾河，过固原、海原，在靖远县北渡黄河，经景泰直抵武威；一是沿泾河，过六盘山，沿祖厉河而下，在靖远县附近渡河。历史上，尤其是汉唐之际，萧关道占有相当重要的地位。丝绸之路是萧关古道宁夏段的延伸，而萧关古道也奠定了现代公路穿越六盘山的基础。而今的三关口，有312国道通过，宝中铁路大体也遵循着萧关古道的走向。

＜萧关

为了抵御匈奴进犯，保护这条道路的畅通，秦代曾修筑萧关，汉代又修筑了瓦亭关。

北道宁夏境内段由安国镇继续西北行，即进入宁夏境内，四十里为瓦亭驿，现在的银（银川）平（平凉）公路，从赤木口开始偏离泾水河谷，越过小六盘，再经和尚堡折至瓦亭。而古道则仍循泾水的北源至瓦亭，比公路近得多，又不必翻越小六盘。古道的缺点是：在弹筝峡中"与水争道"，夏秋有山洪危害，冬春则有冰凌滑折。

我爱宁夏

瓦亭折向北，经青石嘴、开城至固原。青石嘴，唐代称青石岭。由此向东南，在古代另有大道循泏河入关。汉文帝时，匈奴14万骑经朝那（汉县名，故址在今固原县古城乡）、萧关南入关中即走此路。唐大历六年（771）九月，"吐蕃下青石岭，军于那城（即朝那城）"，也是由此经过。大抵和平时期，行旅取弹筝峡路；行军打仗，因不敢深入险阻，就只好走视野开阔的泏河流域了。开城古名开远堡，南至瓦亭驿四十里，是进入宁夏境内的第二个驿站（唐代三十里一驿），按地理方位说，开城与《元和郡县图志》所记汉萧关的位置很相近。

驿道再北三十里至固原县城，即汉代安定郡治高平、唐代原州平凉郡治平高故址，现为固原行署驻地。固原，在古代称为安定郡或原州，它地处六盘山下，地势高平，七关辐辏，是陇西、平凉、会州、灵州的四方交会之地，是交通枢纽和军事重镇。

固原县向北，沿清水河行，过三营十余里，即唐代的石门关城或石门镇所在地。宋初称石门堡、平夏城，又置怀德，设有石门驿。从这里向西，可经黄铎堡、寺口子（须弥山石窟在其侧）翻越六盘山。但是，作为交通大道，丝绸之路不可能走这种迂回曲折、十分险峻的山路，而是向西北沿着平坦易行的苋麻河谷越过六盘山。

瓦亭驿站 >

天下黄河富宁夏

随后，丝绸之路进入海原县境的郑旗乡。清代在此设郑旗驿。其西三十里为贾塬。贾塬之西，宋代置秋苇驿。

又西五十里为海原县城，清代设海喇都驿。海原县城再西三十里为西安州，始置于宋代，并设有南牟驿。

西安州再西三十里为干盐池，唐代属会州，称河池。《元和郡县图志》称："河池，西去州（即会州）一百二十里。其地春夏因雨生盐，雨少盐多，远望似河。"此处系宁夏境最后一驿。

以上宁夏境内段共三百九十里。

二、灵州西域道

唐自安史之乱后，元气大伤。各藩镇在平定安史叛军之中强大起来，形成了若干割据势力。回鹘、沙陀、吐蕃等少数民族上层人士自恃平叛有功，有的在商业贸易上要求特权，有的在疆界划分上得寸进尺，尤其是吐蕃的强大，给唐王朝的西部边防甚至关内道构成了巨大威胁。

在吐蕃不断进犯唐朝边境和占领原州地区以后，从长安经秦州、原州到敦煌的丝绸之路东段南北两道都受到阻隔，并且河西地区也被吐蕃占领。从长安到西域的道路起先走的是回纥道，《旧唐书·李德裕传》中说："承平时，向西路自河西、陇右出玉门关，迤逦是国家州县，所在皆有重兵。其西安、北庭要兵，便于侧近征发。自艰难以后，河、陇尽陷吐蕃，若通安西、北庭，须取回纥路去。"即从长安向北到天德军（今内蒙古乌加河东岸），经"参天可汗道"到回纥牙帐（在内蒙古鄂尔浑河上游），再沿杭爱山、阿尔泰山的南麓到西域。但是这条道路路途遥远，环境恶劣。直到原州等地复归唐朝，大中年间（847—860）张义潮收复被吐蕃占领的河西走廊地区以后，从长安经河西到西域的传统道路才得以畅通。但从长安经今宁夏境向西道路不再过原州，而是向北经过灵州再向西域，形成一条"灵州—西域道"。

灵州—西域道作为丝绸之路的线路，一直使用到北宋初年。这条道路的大致走向是：从长安出发，向西沿着泾河抵达邠州（今陕西彬县），再沿着马岭水（今环江）继续北上，经宁州（今甘肃宁县）、庆州（今甘肃庆城）、方渠（今甘肃环县）到灵州。再从灵州向西进入河西走廊地区，有三条线路：南线由今天的青铜峡渡过黄河，沿着黄河外侧经中卫市到甘肃武威；北线从灵武向北经过今银川市，再向西翻越贺兰山，穿过内蒙古阿拉善左旗到居延海，再向西进入河西走廊地区的肃州（今甘肃酒泉）；中线是从灵武到青铜峡，渡过黄河，进入阿拉善左旗，向西穿越腾格里沙漠到凉州。在这三条线路中，北线主要是用作军事，中线是河西、西域回鹘人入贡中原的必经路线，南线则是使臣、商人、僧侣的行经路线。这条中西交通线便作为丝绸之路的主线，一直使用到北宋初期。北宋之后，这条路虽然仍在使用，但其作用已经大大降低。

当时的灵州—西域道还是一条佛教文化传播之路。西去天竺、于阗的中原僧人，东来长安、五台山的西域僧人都频繁地活动在灵州道上。有研究者认为在唐末五代时期，有一条从沙洲到五台山的佛教传播路线，即经瓜州、肃州、甘州、凉州、灵州，然后向北经过丰州、胜州、朔州、代州、忻州到达五台山。这条道路把印度和五台山两大佛教中心连接起来。

灵州作为重要的军事重镇和丝绸之路的一个中转站，在历史上发挥了重要的作用。

三、六盘山至兰州新线

1226年，"一代天骄"成吉思汗率蒙古军攻破西夏的灵州、盐州，次年，蒙古军又兵分两路：留下一支继续围攻西夏首都中兴府（银川市）；成吉思汗率主力连克青海的积石州、西宁州，甘肃的临洮、兰州、金州（今榆中县）、定西、会州（会宁县），宁夏的德顺州（隆德县）。闰五月，成吉思汗来到六盘山避暑养病，一个月之后，又挥军南下，病死于今甘肃清水县萨里川哈老徒行宫。1254年，忽必烈征大理（在今云南省境内）班师，也在六盘山驻跸。1258年，元宪宗蒙哥又在六盘山建立行宫，并在此接见了全国各郡县守令。四个月后，蒙哥指挥元军分三路南下陕、川，而辎重却仍留在六盘山。这三十多年间，六盘山是蒙古帝王的一个军事大本营，越度六盘山的道路交通也因此得到很大的改善。这给丝绸之路的又一次改线奠定了基础。

在唐中叶以前，丝绸之路进入宁夏后，要经过固原、海原，在甘肃靖远县东北渡黄河，然后进入河西走廊。元世祖忽必烈建立了规模宏大的驿道网，其中由关中通往西域的驿道，摒弃了经原州到凉州的传统路线，改由瓦亭西度六盘山，经德顺州（隆德）、会州（会宁）、金州（榆中）、兰州至凉州（武威）。如去青海，则在金州分路。到元代中叶，朝廷又下令撤裁沿渭水、临洮、兰州一线的全部驿站，所有驿马拨付经六盘山的北路驿站。这样一来，北路驿道就担起了过去由长安—凉州南北两道所肩负的全部任务。这条改了线的北道，就是元明清三朝的宁夏丝路。

元代经宁夏连接东西的驿道有两条，都是沿着原先传统的丝绸之路的走向。第一条是从长安经今宁夏固原地区到达兰州：从长安向西北，经甘肃的平凉进入宁夏，过瓦亭驿，然后向西，翻越六盘山，过德顺州驿（今隆德县），向西进入甘肃境内的吴家湾，过会宁、定西等地到达兰州。再从兰州穿越河西走廊进入西域。这条道路的开辟，对元代及以后东西交通路线的影响很大。明清时期的陕甘驿道和民国时期开通的、现在横贯中国东西的312国道西兰公路，都是沿着这条道路的走向开辟的。第二条是沿着唐末宋初时期形成的灵州西域道：从长安向北，经今陕西的乾县、永寿、彬县进入甘肃境，经宁县、庆阳、环县进入宁夏境，过萌城驿（今盐城县

我爱宁夏

萌城），向北过朵儿灭站（灵州），向西南过鸣沙驿，然后渡过黄河西行过应理州（今中卫县城），再西行过野马泉驿进入甘肃境内，再经永昌府、甘州、肃州通向西域。

然而，六盘山路却是曲折险恶的。由和尚铺上山是二十里，山顶至隆德城也是二十里。在山下看，道路盘旋而上，陡峭如壁；行至半山，是"峭壁对峙，疑至绝境，峰回路折，途径顿辟"，爬到山顶，"俯视下界，隐约莫辨，群山环拱如儿孙"。有时，山下云遮雾挡，山顶却是赤日当空；有时，山下无雨，山上却是雪花纷扬。不管是下雨下雪，山路都是滑泞难行，所谓"夏潦冬雪，风雨冰凌，难于蜀道"。因此，人们形象地把上山的道路叫做"六盘鸟道"。《固原州志》上的《六盘鸟道图》，可以清楚地分辨出两条上山的道路：一条是"骑道"，窄小而陡峻，可供行人骑马使用；另一条是"车道"，更加蜿蜒曲折，只是坡度要小一些。1936年修通的西（西安）兰（兰州）公路，就是沿着"车道"改修而成的。大凡客车到此，旅客都要下车，然后肩挽绳索，与耕牛一起，把汽车拽引至山顶。当时的一些报刊就登载有这种人拉车的照片，一时作为笑谈。

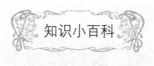

知识小百科

驿 马

驿马特指中国古代历史上为国家传递公文、军事情报、物资等的马。驿马属皇家专有，激跃奔腾，通达天下四方，在中国历史的发展上立下了不可磨灭的功绩。

驿——古代国家为传递公文、军事情报，自古即行设立。初时设传车，后改为驿马，以进行传递。在一定距离设宿所，以备投递驿使驿马休息。设驿长管理，设驿户以生产，设驿马以更换脚力。《礼记》中有"驿传车马，所以供急遽之令"的记载，颜师古注《汉书》，传字为今之驿，唐岑参有"寒驿远如点"的诗句。

但是，如此畏途，元明清三代的六盘鸟道仍是行旅往来如织。元代时，像瓦亭驿、隆德驿（元初称德顺州驿）每天启用的"铺马"（驿马）都超过百匹，仍然不敷使用，经常出现因交通工具缺乏而造成使臣、番僧羁留数日的现象。明代除驿站之外，又专门在瓦亭、神林等地增设递运所，以转运各种大宗物资。清代的朝官由北京去兰州、新疆，一般都要绕道六盘山。

知识小百科

左公柳

　　在守土卫国中立下赫赫战功的左宗棠，留给大西北的不仅是英雄战绩和完整疆土，还有沿着古丝绸之路茂密的左公柳。河西地区"赤地如剥，秃山千里，黄沙飞扬"的严酷自然景象，令左宗棠忧心如焚，他要求凡大军过处必植树，军士人人随身带着树苗，一路走一路栽。左公与军士一样，亲自携镐植柳。自古河西种树最为难事，可是在左公倡导督促下，竟然形成道柳"连绵数千里绿如帷幄"的塞外奇观。前人植树，后人乘凉。为纪念左宗棠为民造福的不朽功绩，后来人们便将左宗棠和部属所植柳树称为"左公柳"。

＜左公柳

我爱宁夏

这条交通大道在军事上的作用也是巨大的。明代时，河西走廊、兰州、临洮、西宁各卫、所的军需如军粮、枪械、军衣等，都通过这条大道供应。清光绪元年（1875），左宗棠督办新疆军务，率兵讨伐旨在分裂新疆的阿古柏叛乱。清军的进军路线、粮运路线都经过六盘山。左宗棠派部下将六盘山顶东至瓦亭、西至隆德的车路各整修了二十里，又从长武到嘉峪关"夹道种树，连绵数千里"。两三年后，柳树成荫，绿如帷幄，人们誉之为"左公柳"。但而今，"左公柳"已经被砍伐殆尽，只能在个别公园中找到幸存者。

三、宁夏回族自治区建制沿革

宁夏地区在原始社会旧石器时代晚期就有人类生息繁衍。灵武县水洞沟遗址，是黄河上游一处旧石器时代遗址。春秋战国时期，是羌、戎和匈奴等民族聚居地之一。秦代在此设北地郡，秦始皇曾派兵屯垦，开创了引黄灌溉的历史。汉代袭秦制，宁夏仍属北地郡，后又属朔方刺史部。407～431年，匈奴族赫连勃勃以宁夏为中心建立大夏政权。唐属关内道管辖，在灵州（今灵武县）设大都督府和朔方节度使。安史之乱，唐肃宗便在灵州即位。1036年，党项族首领元昊在宁夏建立大夏国，历史上称西夏。西夏以兴庆府（今银川市）为国都，后为成吉思汗所灭。元朝在此置宁夏路，于是始有宁夏之称。明又改宁夏府，后改宁夏卫，属陕西布政使司。清代复设宁夏府。民国初年改为朔方道。1928年成立宁夏省。1949年9月3日宁夏解放。1954年10月，宁夏省建制撤消并入甘肃省。1958年10月25日，宁夏回族自治区成立。

宁夏现有银川市、石嘴山市、吴忠市、固原市、中卫市5个市，下辖21个区、县及县级市。

∧ 宁夏政区图

我爱宁夏

第二章

西北重镇　关隘险峻

　　面对汹涌而来的北方游牧民族的侵扰，中原王朝大多选择修筑长城进行防御。明朝所修边墙长度是历代长城之最，修筑边墙的纪录不绝于史。宁夏境内的明朝长城遗址之壮观让今人惊叹不已，遥想当年的明长城那该是多么的雄伟……

∧ 贺兰山三关口长城遗址

第一节　主要关隘概述

一、镇远关

镇远关，宁夏地方志中有很多记载，位于宁夏回族自治区平罗县西北约40公里，是明长城九镇中宁夏镇的重要关隘之一。

明弘治以前，此关一直驻守重兵，其与南五里的黑山营，俱为宁夏北边重防。至明正德初年因兵力不足，逐弃之。镇远关遗址尚存，关城居宁夏旧北长城里侧，关城北墙即是利用的长城城墙。在今宁夏回族自治区的北部，明王朝先后修筑了两条长城，即旧北长城和北长城。明初特别是英宗正统到孝宗弘治年间，蒙古族鞑靼、瓦剌部先后选据黄河后套阿拉善草原。他们经常南侵扰掠，所以明廷修筑了这道旧北长城。旧北长城在今石嘴山市辖境，西起贺兰山扁沟，经下营子乡宝马村至尾闸乡下庄子村，抵黄河西岸，全长约15公里。到嘉靖十年（1531），三边总制王琼主持在旧北长城南复筑一道长城，史称北长城。这道长城修筑好之后，官军弃旧北长城而退守北长城。镇远关就设在旧北长城之上。

镇远关之名，取镇守边远关隘之意。《嘉靖宁夏新志》在关隘部分记述镇远关时写道："镇远关，在平虏（今宁夏平罗）城北八十里，实宁夏北境极要之地。关南五里，是为黑山营，仓场皆备。弘治以前拨官军更番哨守，为平虏之遮。正德初，因各处征调轮拨不敷，遂弃之。致虏出没无忌，甚或旬月驻牧，滋平虏之患日深。镇远关自不能守，柳门等墩自不能瞭，平虏之势遂至孤立。宁夏北境半为虏有，苟失平虏，则无宁夏；无宁夏则无平、固；无平、固则关中骚动，渐及于内地，患不可量矣。求久安之计。先须修打硙口，为复镇远关之渐；次修镇远关，为复黑山营之渐。不然，是垣户不设，欲思常寝之安，庸可得乎？垣户一固，则沿河、沿山墩台易守而耳目自明，地方有赖。"由这一段记载，可清楚地看到镇远关在宁夏北部防御中的战略地位。

二、打硙口

打硙口，座落在石嘴山市区北，今称大武口。打硙口是内蒙古河套及阿拉善地区进入宁夏平原的咽喉要道，具有十分重要的战略地位。

明代把长城称为边墙，大武口是宁夏西边墙的重要关隘。当时称"打硙口"，意为"打凿石磨的山口"，也叫大硙口，是贺兰山36个隘口之一，与胜金关、赤木口和镇远关合称为宁夏"城防四隘"。明代蒙古骑兵袭扰，进进出出都"取捷径于此"。因大硙口在西边墙、北边墙和贺兰山口交汇处，

<打硙口

于是，明廷花大力气在此筑墙修关，自北向南，先后修了三道关口，如今只剩下关墙和烽火台遗址。曾任宁夏巡抚和陕西三边总督的杨守礼，在宁夏加固边墙、增筑关堡、整肃边防，政绩卓著。他率宁夏总兵、参将到此设防时作过一首《入打硙口》诗：

> 打硙古塞黄尘合，匹马登临亦壮哉。
>
> 云匿旌旗春草侵，风情鼓吹野烟开。
>
> 山川设险何年度，文武提兵今日来。
>
> 收拾边疆归一统，惭无韩范济世才。

纵是如此，还是没有挡住蒙古的铁骑，蒙古铁骑多次越过打硙口侵扰宁夏，仅嘉靖年间，明军就与来犯的吉囊部在大武口进行过五次大战。

今天石嘴山市区，就以打武口称之。打硙口建于明初，沿沟谷设关三道，到正德五年（1510）以后，关口建筑渐至颓圮。特别是嘉靖十年（1531），在旧北长城之内复筑北长城以后，打硙口便完全被废弃了，成为新长城的前沿阵地。史载，"打硙口，在平虏城西北，沿山诸口，虽通虏骑，尚有险可凭。北则惟赤木，旷衍无碍。打硙旧有三关，自正德五年以来，渐至颓圮。套虏由东而西，则取捷径于此口以出；由西而东，则取捷径于此口以入。迄嘉靖十年，筑新墙为界，虏益视为已有。平虏官兵力渐难支，居人业渐不振。补缺塞罅，必如赤木口之为备，斯可以善其后。"

清代曾在此地设打硙口堡。清末此地有居民 96 户 385 人。1941 年设打硙口乡。1943 年国民党宁夏省政府建设厅长李翰园检查工作看到"打硙口学堂"，认为此名不雅，遂改为"大武口学堂"，意为武士们打仗的地方，于是，"大武口"之名正式传下来。1949 年 9 月 25 日大武口解放，1958年设大武口人民公社。1962 年 9 月设立大武口镇。1973 年 6 月设大武口区。现为宁夏石嘴山市所在地。

三、赤木口

　　赤木口，又称三关口，位于贺兰山中部，东北距银川约40公里，银川至巴彦浩特的公路正由赤木口而过。贺兰山一脉相承，十分陡峭，但到赤木口处陡然平缓下来，关口地势十分开阔，此关自古即为阿拉善高原进入宁夏平原的重要通道，明王朝十分注意赤木口的防务。据载：仅一次修关就派了四千多名军夫。平常这里驻守一名游击将军，统千军以防之。三关即从东向西，设头道卡、二道卡和三道卡，后人称之为三道关。这里山脉蜿蜒曲折，地形雄奇险峻。原两山夹峙的山坳中建有关隘。明统治者为了边防安全，特于赤木口筑长城（明称边墙）设关隘，使其成为古代银川城防的"四险"之一。

　　赤木口为嘉靖十九年（1540）都御史杨守礼、总兵官任杰修筑，从东向西设关三道。

　　头道关为主关，南北与长城主体城墙相连接，夯土城墙起于北侧山上，过关后向南蜿蜒而去。过头道关顺公路向西约2.5公里即为二道关，

<贺兰山三关口长城

我爱宁夏

今仅关口南侧的山头上残存一座夯土墩台。过二道关顺路向西，山谷渐趋狭窄，约 2.5 公里后，便仅为两壁相夹一道，十分险要，此处便是第三道关。在修筑赤木口的过程中，杨守礼曾多次赋诗纪录当时的场景。现列举如下几首。

其一：

晓登赤木口，万壑怒生风。
良马犹惊险，衰身欲堕空。
筹边不计苦，净虏岂言功。
沙里三杯酒，出山见月东。

其二：

冒暑巡行不惮难，筹边为国敢偷安？
蚊蚋扑面孤臣血，烽火惊心六月寒。
占塞山灵刚送雨，高城云爽暂停鞍。
君王自有南风调，万里烟尘一望残。

此为杨守礼入山为酬谢修关将士所作诗。

其三：

绝塞通胡地，孤臣夜坐时。
闲云归岫远，新月上山迟。
据险重关固，勒名万里奇。
不须愁老大，忠孝是男儿。

赤木口作为内蒙古阿拉善高原通往宁夏平原的主要通道，历史上发生过很多战事。成吉思汗第三次攻打西夏时，就是把赤木口作为突破口的。当时赤木口称克夷门，是西夏重要的屯兵之地，在这里，蒙古军同西夏军展开大战，最后骁勇善战的蒙古军攻占此关，兵锋直指西夏都城中兴府。明代这里更是烽火不断。到了清朝同治年间，在遍及西北的回民反清斗争中，赤木口也是回民起义军与清军屡次争夺的战场。修银巴公路时，此关的最后一些遗址也被废掉了。

西北重镇　关隘险峻

历史上的赤木口，是一处北出塞外的雄关，自古就是战略要地。从西周时期经营泾阳，历经秦、汉及北朝时期各少数民族，尤其是宇文泰等更是注重经营，即使像唐代这样的盛世，赤木口同样维系着关中的安危，一旦关中动荡，赤木口就显得犹为重要。最具代表性的如安史之乱后，吐蕃民族乘机东进，兵锋直达关中。此后，赤木口一直是双方较量和争夺的要地，此后划定以赤木口（弹筝峡）为双方相守的边界。到了新中国建立前夕的1949年8月，人民解放军大兵压境之际，国民党仍想凭借赤木口之险拒守。古今之例，足见赤木口重要的地理位置和独特的军事作用。

四、拜寺口

拜寺口是贺兰山著名山口之一，位于银川市西北约50公里处的贺兰山东麓，这里山大沟深，环境幽静，面东开口，视野开阔。在山口平缓的坡地上有大片建筑遗址。当年拜寺口寺庙众多，华丽的宫殿参差交错，金碧辉煌，它给气势雄伟、古木参天的拜寺口增添了无穷的魅力。据考证，这里曾是西夏佛祖寺院所在地。拜寺口双塔，是西夏国王李元昊离宫建筑的一个组成部分，它们就像两个孪生兄弟守卫在山口两旁，显得格外挺拔。

＜拜寺口

自银川乘车顺沿山公路向西北行，约半个多小时即可到达。拜寺口双塔矗立在拜寺沟口左侧的一架紫色山峰前的一个方形平台上。两塔东西相距百米，像一对情侣，含情脉脉，形影不离。人们怀着敬仰之情，送给她们许多美丽的名字："相望塔"、"夫妻塔"、"山神塔"、"海神塔"、"飞来塔"。

知识小百科

拜寺口双塔的传说

传说很久以前，有一年兵荒马乱，山泉枯竭，民不聊生。有一天晚上，在紫石山前拜寺庙里的老僧依稀听到有人在半空中说话："此地不可久留。"老和尚出庙观看，只见拜寺庙东西两侧各约五十来步远的地方，不知何处飞来了两座亭亭玉立的佛塔。老和尚心想，天长日久难耐孤寂，只有钟声为伴，若有这两座塔相陪那该多好！决不能让它们再飞走。于是老和尚心生一计，点着一把火烧伤了东边一塔，西边一塔也就留下来了。此后这里风调雨顺，五谷丰登，六畜兴旺。

第二节　主要边防介绍

宁夏的明长城主要由河东墙、城西南墙、北关门墙、西关门墙等各段连接而成。河东墙因地处黄河以东而得名，是宁夏明代长城中最长的一段，而且大部保存尚好，是万里长城的重要组成部分。此外，成化年间还筑有从甘肃景泰县进入宁夏中卫县并沿黄河北岸至广武（今青铜峡市境）的一段长城，长五十余公里，称城西南墙。北关门墙，西起自贺兰山，东至黄河，嘉靖九年（1530）修筑。西关门墙，自大坝（今青铜峡市境）至三关口（今银川市西），嘉靖十年（1531）建筑，全长40公里。

一、河东墙

河东墙，起自今灵武县横城，止于盐池县东，长190公里，是宁夏明代长城中最长的一段。因在黄河以东，故名。《明史》卷十三载"成化十年闰六月乙巳，筑边墙自紫城砦至花马池"，即指河东墙。《嘉靖宁夏新志》载："河东墙，自黄沙嘴起至花马池止，长三百八十七里。成化十年，都御使余子俊奏筑，巡抚都御使徐廷章、总兵官范瑾力举而成之者。"此为宁夏明代筑长城之始。

明人傅钊有诗这样描述明长城河东墙：

> 危垣迢递枕雄边，势押金城铁壁坚。
>
> 中国有凭堪保障，外夷无计可踰穿。
>
> 英公才大难同驾，道济谋深未许肩。
>
> 不是眉山豪杰出，谁能经始向当年？

< 盐池明长城

我爱宁夏

二、深沟高垒

明朝嘉靖十年（1531），兵部尚书、总理三边军务的王琼，为防御鞑靼部落南犯，奏明朝廷修筑深沟高垒，以外挑壕堑内筑墙而名。因在夯筑过程中有许多红色胶土掺入，干燥后呈现出紫色，故又称作"紫塞"，民间俗称头道边。

深沟高垒是在隋长城的基础上起筑的，走向与隋长城并行，时而叠压一处，大部分覆盖了隋长城。自西而东经高沙窝、王乐井、花马池等乡镇，盐池境内长 63 公里。据调查该段长城墙体基宽 12 米，残高 8 米以上，顶部残宽 4 米左右。黄土夯筑，层次清晰，计有 25 层。墙体外侧每 300 米有一座矩形敌台。内侧"三十里一堡，六十里一城"，著名的古堡有：英雄堡、安定堡、高平堡等，著名的古城有：花马池古城、兴武营古城等。深沟高垒上有一著名的关隘——长城关。长城关又称东关门，在花马池古城北门以北 120 米，为明嘉靖九年（1503）兵部尚书王琼所筑。关门上有楼，高耸雄壮，上书"深沟高垒"、"朔方天堑"、"北方锁阴"、"防胡大堑"等字。今关隘已毁没，仅存高大的土筑墩台。长城关因与鞑靼兵作战而兴

花马池古城 >

<八步战台遗址

筑，所处地理位置十分重要，与嘉峪关、山海关、居庸关、大同关等均为明代长城上的重要关隘设置，在军事上着十分重要的意义。

深沟高垒沿途不仅座落着雄伟的关隘，内侧也有分布着著名的战台，规模最大要数八步战台。该战台座落于盐池县城西35公里的苏步井乡的青羊井村，据记载，其建于明代万历年以前。战台筑在头道边内侧15里处，四周有坞墙，35米见方，门面南开，战台建于坞城正中，有城壕环绕，门面南。站台内为黄土夯筑，夯土外原有四层砖石围砌。站内构造分三层，底层是砖箍券门洞直抵北墙，进门即有斜坡式台阶可直达中层。中层为穹窿顶空心室，室内正中设过道，有台阶可直登顶层。顶层平面青砖铺砌，顶部四周设有垛口，向外有箭窗。深沟高垒、关口、城堡、战台共同构成了古代长城完整的军事防御体系。

三、城西南墙

成化年间筑有从甘肃景泰县进入宁夏中卫县并沿黄河北岸至广武（今青铜峡市境）的一段长城，长五十余公里，称城西南墙。所谓"自双山南起，至广武界止，长一百余里。成化间，巡抚都御使贾俊奏筑"。在明代的时

我爱宁夏

候，长城不叫长城，而叫边墙。据说这是因为秦始皇会30万众修筑长城，尸骨成山，为天下百姓所痛骂。明朝害怕与秦的苛政沾边，所以长城避而不叫长城，而叫边墙。

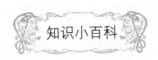

宁夏长城遗址

中国自秦至明的历代长城在宁夏皆有遗址，故宁夏有"中国长城博物馆"之称。明代称长城为"边墙"，在宁夏境内的主要有西长城、北长城、东长城和固原内边墙，长度共有四百多公里。其中，固原县城北的秦长城遗迹十分清晰。明朝蒙古鞑靼和瓦剌等部经常从内蒙古阿拉善台地进入贺兰山赤木口（今三关口），直驱平原各地。明统治者为了边防安全，特于三关口筑长城（明称边墙）设关隘，使其成为古代银川城防的"四险"之一。

第三节　历史上的军事重镇

一、固原

固原古城位于宁夏回族自治区南部，地处西安、兰州、银川三省会（首府）城市所构成的三角地带中心，是伊斯兰文明与中原文化交汇处，是古代丝绸之路东段北道上的重镇，是一座历史文化名城。

固原地势险要，是兵家必争之地，也是交通咽喉要道。固原周围，历代均有雄关固锁。秦国的秦昭王在这里修筑长城，以拒义渠戎；汉代设的萧关，是关中北面门户；唐代设陇山关，是全国六个上关之一；唐原州七关，也在固原周围。著名的丝绸之路，也由长安经过固原、海源而至西域各国。明代设长城沿线九镇，固原是九镇之一，并且是总兵和总制驻地。古人形象地评价其地理位置说："左控五原，右带兰会，黄流绕北，崆峒阻南，据八郡之肩背，绾三镇之要膂"、"回中道路险，萧关烽堠多"，自古就是关中通往塞外西城的咽喉要道上的关隘和军事重镇，我国近代西北最早的一条公路干线——西安至兰州的公路就从这里通过。

固原作为九边重镇之一，在明代历史上占有重要地位。明初，固原是平凉卫右所屯地，由于军事上的需要，到成化、弘治年间，先后建立固原卫、固原州，并从弘治十年（1497）起，成为辖陕西、延绥、宁夏、甘肃四镇，总督陕西三边军务的驻节地。大司马张珩《献捷碑纪略》称："我国家特命制帅，开府原州，节厦四镇，凡九千里，带甲二十万，当九边之七焉鸣呼重矣！"

固原古城建于何时，已鲜为人知。汉元鼎三年（前113），汉武帝为加强西北边地军事防御，置安定郡，治高平城（即今固原县城），这是史书有明确记载的固原历史上的城。因其城坚池深，史称高平第一城，以后曾多次修葺。北周天和四年（569）正月，新筑原州城（固原城）。这是依托开原高平古城的空间扩大增筑后的一处新城，原高平城就成为新筑城的内城。从此，固原城就有内城和外城的格局。明代的固原是政府在西北边境地带设置的九个军事重镇之一，也是陕西三边总督驻节之地，城防大为加强，是固原建城史上最辉煌的时期，固原城也成为西北重镇。景泰三年（1450）修葺内城。成化五年（1469）增筑内城。弘治十五年（1502）三边总督秦纮筑外关城，"自徐斌水起，迤西至靖虏花儿岔，长六百余里，迤东至绕阳，长三百余里，即今固原以北内墙也"。万历三年（1575）三边总督石茂华主持以砖加固外城。从此，固原城的最后格局和型制基本奠

我爱宁夏

定。固原博物馆复原的清代固原城模型，就是固原城的历史缩影，现在，固原外城的西北角保存完好，可以一睹固原城的巍峨与风姿。

固原是一座历史名城。战国秦长城自东北向东南绕城而过，距城最近处仅十多里。汉武帝时曾增设安定郡，固原是安定郡和高平县的驻地。出土文物中，有汉代陶制排水管，系城市下水道所用，可见其城市规模已相当可观。南北朝至唐代，在此设原州。宋代置镇戎军，等级与州同，固原一名，始于明景泰三年（1452）。为何称固原，一说是固原唐末陷于吐蕃后，原州先后侨治于甘肃的平凉、镇原，而固原这个地方就被称为"故原州"，讳故改固，因名固原；二是"北魏以此置原州，以其地险固因名"。从北魏孝明帝正光五年（524）建城至今，已有1300多年的历史了。1575年，明神宗万历三年，固原城扩建，分为内城和外城，内城由砖包，高大雄伟。清朝以后，因战争和地震的破坏，固原山城逐渐衰落。现在所见到的城墙遗迹，有内外城，内城即宋代的镇守军城，外城系明代万历三年（1575）所筑。

作为军事重镇的固原自然存有不少关隘遗址，如立马城、西安州城、东山寨、彭阳城、细腰葫芦硖城、秦长城、定川寨、天圣寨、石城堡、开远堡、平安寨、耳朵城、瓦亭关、石硖口等。

知识小百科

固原九龙山

九龙山，以其山形似巨龙九条出香炉山、沿川而下主脉直奔固原城而得名。登上九龙山，四季景观各有不同：春观山前果园鲜花怒放，白里透红，粉色一片；夏观清水河川，羊坊塬麦浪滚滚，鳞波腾翻；秋看马营河农户场院，丰收洋芋堆积如山；冬看粉条村银线般的粉条，一排排挂在羊坊河两岸。寺庙建筑是九龙山美景的重要组成部分。凡名山胜迹，都伴以殿宇亭榭古朴建筑作景。九龙山很早就有庙宇建在龙鼻山头上，为乡民信士进行祭祀游览的活动场所。九龙山古有"九仙庙山"之称。所谓九仙者，意为多种神仙。我国道家立上仙、高仙、大仙、玄仙、天仙、真仙、神仙、灵仙、至仙为九仙，据创修九龙山子孙堂碑记载，旧有佛殿、真武殿、关帝殿、灵宫殿，日久毁坏。

二、灵武

灵武，古称灵州。地处宁夏引黄灌区的精华地带，素有"塞上江南"之美誉。

战国时期为秦北地郡辖地，秦统一全国后，置富平县（今吴忠市利通区），灵武属其管辖。唐武德元年（618），唐太宗李世民为修民族和好曾亲临此地，天宝末年安史之乱，肃宗李亨于756年即位于此，遂升为大都督府，使偏居一隅的灵州城从此成为唐朝最大的军事重镇、平叛时期唐朝的政治和军事中心。

灵武战略地位重要，境内城池堡寨众多，史称"灵武，古郡也。后改而邑之。然地势寥廓，轮广千里，虽名为邑，而郡之小者或形势反不及焉。

我爱宁夏

其城池西阻河界而三十六堡环拱千里之内，堡之大者往往立官职、设兵卫。而远者去州城或二百里外，星罗棋布，犬牙相错如长山率然之势。故灵城虽斗绝一方，而势不虑其孤者，特堡寨为之辅也"。较为重要的城池堡寨有花马池城、清水营城、兴武营城、横城、惠安堡城、韦州堡城、吴忠堡、惠安堡、汉伯堡、金积堡、枣园堡、临河堡、秦壩关、河东关、磁山寨、兴武营等。

知识小百科

灵武红山堡

　　灵武红山堡在宁夏灵武市的临河镇，有我国目前保存最为完整的古代立体军事防御堡垒，其建筑体系令人叹为观止。红山堡是一座北邻明长城的屯兵之城，据史书记载，红山堡在明正德十六年（1521）修建，为宁夏都指挥史墉修筑。东自清水营五十里，西至红山堡二十里。领峰候（烽火台）八墩，看护东西约三十里的长城。在和平时期，红山堡是长城内外各族人民开展商贸交流的活动场所。现在的红山堡，虽然经历了战火的摧残和岁月的剥蚀，但它的城墙依然完整高耸。在城堡中，还可以看到原有的房屋基址，如果按照明代兵制，每五人分住一间营房，红山堡可能有五十多间房屋，在城堡西北台地处，还能见到大量残破砖瓦和建筑构件堆积，这里可能是守堡官员所住的房屋，在没有破坏前，可能是一座档次很高的宏伟建筑。

灵武红山堡 >

三、中卫

中卫地处黄河前套之首，位于宁夏回族自治区中西部，东临吴忠市，南与固原市及甘肃省靖远县相连，西与甘肃省景泰县接壤，北与内蒙古自治区阿拉善左旗毗邻。所谓中卫"治在（宁夏）府西南三百八十里，东南至大岚沟灵州界二百里，西南至柴薪梁靖远县界二百里，南至白崖口灵州界一百三十里，北至边墙十里，西至营盘水皋兰县界二百一十里，东至广武分守岭朔县界二百二十里"。

中卫据山河之险，有重要的军事价值，史称其"北背边墙，南面大河，处银川之上游。其东则青铜、牛首、锁钥、河门，其南则香岩雄峙，列若屏障。左倚胜金之固，右凭沙岭之险。元史志云：左联宁夏，右通庄浪，东阻大河，西据沙山。《朔方志》亦称边陲要路云"。

知识小百科

石空寺石窟

石空寺石窟位于中宁县城北15公里处，原有大佛洞、卧佛洞、观音洞、龙王洞、灵光洞等石窟，石窟前建有寺院，寺院中还有各类神佛塑像。但是由于这里是腾格里沙漠的南缘，风沙大，加上晚清时期社会动乱，寺院荒废，石窟逐渐被流沙埋没。到了20世纪40年代末，仅存一个俗称"九间无梁洞"的石窟和洞前的寺院了。

九间无梁洞窟室宽敞宏大，深7.3米，宽12.5米，高20多米。里壁并列着三个佛像，东西两边各置佛坛。虽然造像已残损，但这些明代的彩塑仍然显得非常精致；壁面有彩绘的佛教故事，窟顶有彩绘图案，描绘细腻。

石窟始建于何时，有待考察。而明代有"元故寺"的称谓，说明石空寺起码在元代就有了。现在，经过十多年的挖掘，清除淤沙，大部分的石窟和寺院遗址已重见天日。

中宁石空寺石窟 >

四、平远（同心县）

同心县位于宁夏回族自治区中南部，隶属吴忠市管辖。东与盐池县、甘肃庆阳市环县接壤，南与固原市原州区毗连，西与中卫市沙坡头区、中宁县、海原县为邻，北与吴忠市红寺堡区交界，地处鄂尔多斯台地南部黄土高原，地势呈南高北低之势，海拔 1240 ～ 2625 米，属丘陵沟壑区。地貌类型主要有山脉、黄土丘陵、河谷滩地、沙漠垣地等五种，地形复杂，山川纵横交错分布。境内有罗山、米钵山、马大山、老爷山、青龙山、窑山等，均属六盘山系。

平远是较为重要的军事要地，史称其"峰峦环拱，沟涧萦旋，形壮边陲，势凭险阻。黄河回绕其北，萧关雄镇其南，东北扼庆云咽喉，西南连巩固肘腋，控制羌胡之地，屏藩沙漠之区"。较为著名的城池有下马关。

下马关是明长城固原镇重要关隘，位于宁夏同心县下马关乡。关城为明万历五年（1577）筑，城开有南北二门，今南门及瓮城的砖砌券拱门洞尚存。下马关附近长城是明固原镇长城中保存最好的地段。此段长城始筑于明弘治十五年（1502），嘉靖十六年（1537）重修并砖包。据《平远县志》载："明万历五年（1577）筑，外砖内土，周五里七分，高厚均三丈五尺。"因关城西墙被洪水冲毁，清光绪二年（1876）重筑西城墙时，将位置内移，使下马关城缩为"周四里五分"。

　　今下马关城已废弃。关城开有南北二门，南门及瓮城的砖砌券拱城门洞尚存。瓮城门东开，门额之上嵌有石匾，今仅有半块残存，刻有"橐钥"二字，并署"万历九年十二月"等字。据载此匾应为"橐钥全泰"四字。南门门额上亦嵌有一石匾，刻有"重门设险"四大字，匾头题"万历十年二月吉旦"，匾尾署"固原兵备右参将解学礼立"。

我爱宁夏

第三章

丰富多彩的宁夏历史

　　宁夏地区自进入人类文明社会以后，就是最早的游牧部落和北方众多民族活动的地方。当秦始皇统一六国，建立起中国第一个中央集权的封建帝国时，宁夏地区就是统一多民族国家中最早的组成部分。宁夏地区依靠黄河之利，最早开发农业，一直是以农立国的封建国家经略的屯垦戍边的要地。宁夏地区又处于中原内地与西北边疆交往的交通枢纽，处于农业文化与草原文化的连接地带，农耕民族与草原民族在这里交汇融合，也在这里兵戎相见，他们共同开发宁夏，创造了这一地区的文明。

∧ 三万年前的宁夏水洞沟人（水洞沟博物馆雕塑）

第一节　远古至春秋时期

　　宁夏回族自治区位于祖国大西北东北部，居黄河中上游，北恃贺兰山，南凭六盘山，黄河横穿全境，历史文化悠久，素有"塞上江南"的美誉。早在 25000 年前的旧石器时代，人类就曾在这块大河两岸的沃土上劳动、生息、繁衍。灵武市水洞沟、中卫市长流水和其它地点的人类活动遗址的发掘和发现，表明宁夏北部地区是中华民族古文明的发祥地之一。另外，六盘山脉、泾河源流域及其周边地区的神话传说、民间故事和有关史料记载，也反映出古陇山（即龙山）山脉即今六盘山脉地区是从伏羲、女娲到炎黄古圣之"人文初祖"的活动范围，也是华夏文化的摇篮和黄河文化的主要源头之一。

　　夏商周三代以前，这里先后出现过"荤粥"、"鬼方"、"猃狁"、"戎"和"狄"等氏族或部落。到春秋时代，今宁夏地区从北而南，分别是朐衍戎、义渠戎、乌氏戎为主的戎狄部落游牧场所。他们在政治、经济和文化方面，与中原华夏各族有着密切的联系。直到战国时期，中原秦国才在这块土地上初置乌氏县和朐衍县。秦昭襄王三十五年（前 272），正式设立北地郡（治今甘肃省宁县西北），宁夏境内的乌氏、朐衍、富平、泾阳等县隶之，并于南部缘边修筑长城以拒胡，这是中原政权在今宁夏地区建立行政管理机构的开始。

丰富多彩的宁夏历史

知识小百科

水洞沟遗址

　　水洞沟遗址位于灵武市临河乡水洞沟一处面南的崖壁上。它是中国目前最早发掘的旧石器时代遗址之一，是迄今为止中国在黄河地区唯一经过正式发掘的旧石器时代遗址。

　　八十多年来，经过五次考古发掘，在水洞沟出土了3万多件石器和67件古动物化石。其中构成水洞沟文化基础的一些石制品、工具及石器制作修理技术，可以和欧洲、西亚、北非的莫斯特、奥瑞纳时期人类栖居地的石器相媲美。尤其是出土的大量勒瓦娄哇石核，与欧洲相当古老的奥瑞纳文化形状接近。对这种地区相隔遥远、文化雷同的现象，外国著名考古专家认为是人类"大距离迁徙的同化影响"。3万年前，宁夏水洞沟人的生产已达到同时代最先进水平。使用着领先世界的精美石质工具。

∧ 水洞沟遗址博物院的超大型半景画，再现了3万年前远古人类的生活场景。

我爱宁夏

第二节　秦汉时期

　　秦始皇二十六年（前221）统一六国，分全国为36郡，也包括北地郡。始皇第二年亲赴北地郡巡视，不久又派大将蒙恬率30万大军出击匈奴，并在河套黄河沿岸筑城屯驻，这是宁夏北部地区的第一次移民开发，水渠开凿，农田垦殖，率肇此时。浑怀障（今宁夏银川月牙湖）、神泉障（今宁夏吴忠利通区西南）军城随之出现。秦朝时期，南部地区的畜牧业发达，"富名遐迩天下"，以乌氏县女大牧主倮（又作嬴）为代表，她的牲畜之多，数量无计，只能"以山谷量牛马"，连秦始皇对她都"待比封君，以时与列臣朝请"。农业和畜牧业的发展，也带动了手工业和商业交换活动的相应发展。

　　西汉时期，大规模"募民徙塞下屯耕"，大兴开渠引水灌溉，"自朔方以西至令居（今甘肃永登西北）普遍修渠溉田"，使得黄河南岸广大新垦区出现"冠盖相望"的繁荣景象。宁夏的农牧业同样得到全面大发展，当时北部是被称为富裕代名词"新秦中"的一部分，南部亦"马匹遍野"，"畜牧为天下饶"。后来又从北地郡析置安定郡，治高平（今固原市原州区），二郡辖县已发展到高平、乌氏、朝那、三水、眴卷、月氏、眴衍、富平、灵州、灵武、廉县等11个。因为这里是防御匈奴入侵的西部要冲，所以武帝巡视各郡，多次来到北地、安定地方。为了加强该地军防，他还命令在乌氏县瓦亭关（今固原南）、朝那县萧关（今固原东南）设重防，又在富平县神泉障设北地都尉，浑怀障设浑怀都尉，以加强河防与边塞的军事管理。

　　　　　　　　　　　　　　　　　　　　丰富多彩的宁夏历史

汉代还在三水县（今同心县东）设立属国都尉，负责安置匈奴来降者。所以"北边自宣帝以来，数世不见烟火之警，人民炽盛，牛马布野"，社会安定，经济繁荣。

汉末，卢芳、隗嚣、高峻先后割据北地，使该地区频遭战乱，加上其后羌人起义的打击，人民逃亡，治所内迁，终于在东晋时，归属于匈奴族铁弗部赫连勃勃所建立的大夏国。大夏先以高平（今宁夏固原原州）为国都，后迁都于统成都（今宁夏吴忠市境内）和饮汗城（今宁夏银川党政乡境内）。大夏王还在饮汗城建丽子园，作为行宫御花园。

知识小百科

照壁山铜矿遗址

照壁山古铜矿位于宁夏中卫市镇罗镇以北照壁山的峰峦之中。

照壁山的古铜矿早在春秋战国时期可能就已开采，西汉时期就已形成了较大规模的开采和冶炼，在西夏、元代亦持续开采冶炼，在我国西北地区极为少见，为进

<照壁山铜矿遗址

我爱宁夏

一步研究西北地区"青铜文明"的产生、发展提供了珍贵的实物依据。该遗址由古矿洞、居住遗址和冶炼遗址三部分组成。在方圆约1公里的范围内有古铜矿27座，部分矿洞已受到后期人工开采的破坏，大部分洞口已被山洪堆积物封闭，洞口附近都留有大量的铜矿渣堆积。在遗址表面，除发现汉代陶器残片及宋元瓷器残片外，还曾在矿洞内出土过白釉斜壁碗、瓷灯、汉代博山陶炉、钱币及其它陶器。据考证，该遗址是我国西北最古老的铜矿遗址，2006年，该遗址被国务院公布为全国重点文物保护单位。

第三节　南北朝时期的宁夏

进入南北朝时期，宁夏的社会经济一度得到恢复发展。尤其于北魏薄骨律镇将刁雍的任间，在屯垦戍边，安置少数民族，兴修水利，恢复农业等方面都做出了突出的成绩。本地生产的粮食自给有余，一次就调"运屯谷五十万斛付沃野镇以供军食"，而且是自行造船，从黄河水道运送的，这又成为黄河中上游水运开发的首创。由于多余的粮食在平地堆放，刁雍于太平真君九年（448）上表"求造城储谷，置兵备守"，所建之城被魏太武帝赐名为"刁公城"，以示对刁雍嘉奖。

魏孝文帝平定三齐后，于太和初年（477）将历下（今山东省济南市）人民迁至薄骨律镇，筑历城（今宁夏银川月牙湖）供居屯。北周时，继续向宁夏移民兴屯。周武帝建德三年（574），迁二万户于丽子园，置怀远县和怀远郡，这就是今银川市的前身。消灭陈国（国都建康，即今南京市）以后，又迁该国江南兵民于灵州，对河东地区再次进行大规模开发，使这片土地变得与移民老家的江南水乡一样美丽富庶。史称："因江左之人崇礼好学，习俗相化，因谓之'塞上江南'。"这一历史时期，宁夏还是陇右丝路的重要枢纽，固原市北魏墓葬中出土的波斯萨珊朝卑路斯王银币和北周李贤墓葬中出土的玻璃碗、金戒指和金银壶等三件波斯珍品，就是宁夏在中亚交通史上重要地位的物证。

第四节　隋唐时期

宁夏地区不仅军事战略地位日益重要，而且经济贡献也越来越大，所以中原王朝对这里的统治也进一步加强。唐朝甚至把宁夏全境都纳入关内道管辖范围，属于京畿地区，以京官遥领。贞观二十年（646）九月，唐太宗亲至灵州会见数千名北方各少数民族首领和使者，铁勒诸部请共尊李世民为"天可汗"。太宗从其请，并赋诗曰"雪耻酬百王，除凶恨千古"，命勒石记其盛事。于是灵州地区又成为安置少数民族内附部落的"安乐州"。

在这一块多民族和睦共处、共同开发的塞上天府中，农业和畜牧业都获得了长足的发展，使传统的河东灌区再现生机，灵武境内南有汉渠、胡渠、御史渠、百家渠、薄骨律渠、特进渠等八大支渠和"千金大陂"，北有艾山旧渠和"千金陂"。同时，黄河之西贺兰山东麓，也得到大规模开发。相传汉延渠、唐徕渠均修于唐代。河西也与河东一样，已是田连阡陌、果树成阴的"塞上江南"了，正如当时诗人韦蟾咏道，"贺兰山下果园城，塞上江南旧有名。水木万家朱户暗，弓刀千骑铁衣明"，就是黄河东西两大灌区繁荣富裕的真实写照。以开元年间为例，屯田数为：灵州37所、定远军40所、盐州7所、原州4所。唐制50顷为一屯，上述屯田合计4400顷。特别重要的是，灵州等地的池盐，在当时成为朝廷财政收入的支柱。

我爱宁夏

举世瞩目的"丝绸之路"自汉代开通以来，就成为我国通往中亚西亚的唯一重要通道。经过今宁夏南部的一段，从北朝开始即有举足轻重的地位。西域各国使节、商队通过这里进入京都；中亚、西亚的奢侈品也随之东来。降至隋唐，伴随唐帝国与外界交往的不断加强，宁夏南部地区的"丝绸之路"愈加重要。隋、唐王朝对突厥、吐谷浑人的战争，实际上是在争夺"丝绸之路"的控制权，道路的通畅程度，关系到唐朝政治的兴衰、外交的成败和军事上的进退。

初唐时，经过许多次重要的战争，长期控制"丝绸之路"的突厥人已退至西域或更远离这条道路的地方。吐谷浑人随着国家的覆灭也已归顺唐朝。唐朝大军驻扎到了西域，安西都护府的设立就是标志。唐盛时"丝绸之路"极为繁盛，《通典》在论及开元年间长安至凉州（今甘肃武威市）一线交通情况时说：西至凉府"皆有店肆以供商旅，远适数千里，不持寸刃"。宁夏南部正处于这条道路的中段，是必经之地。

以经济实力作为后盾，灵州在唐代上升为北方的军事重镇，先后设立过总管府、都督府和朔方节度使，统辖边防各军城，拥有军队6万余名、战马2万余匹，是全国边镇中最强大的一支武装力量。因此，当天宝十四载（755）"安史之乱"发生后，唐玄宗等仓皇逃往四川，而太子李亨却背道北上。一到原州（今宁夏固原）就得到大批官私马匹。朔方留后杜鸿渐与六城水运使魏少游等朔方官员会商后，书面向太子详细报告了朔方镇所拥有的军用物资、粮械和充足的后勤补给及强大的军事实力。河西行军司马裴冕也力劝李亨治兵灵武以图今后进取。

太子李亨于天宝十五载（756）七月十二日在灵武（今宁夏吴忠市境内）即皇帝位，尊玄宗为太上皇，改元"至德"，是为唐肃宗。升行都灵武郡为灵州大都督府，诏郭子仪任兵部尚书，兼灵州大都督府长史，率5万大军勤王灵武。随后又借吐蕃、回纥、大食等国兵力聚集于朔方。次年九月，郭子仪统帅中外人马15万之众，一举光复长安（今陕西西安），十月肃宗返京，完成了所谓"肃宗中兴"的壮举，灵武也就成为唐朝的所谓中兴发祥圣地。但是"安史之乱"给朔方带来的是大军云集，地方不堪重负，经济受到极大破坏。尤其是战后，前门驱走了狼，后门进来了虎，使得原州、安乐州和石门等七关落入吐蕃之手长达八十余年之久。灵州地方也成为唐朝与吐蕃长期争夺的战场，使得河渠毁塞，营田破坏，人口锐减，强大富庶的朔方从此一蹶不振。

知识小百科

固原北朝隋唐墓地

从1982年至1996年，在距固原市原州区西南5公里的南郊乡羊坊村、小马庄村、王涝坝村先后发掘出北朝至隋唐墓葬十余座。在这些墓葬中出土了一批珍贵文物，尤其是中西方文化交流的遗物，如罗马金币、萨珊银币、金覆面、蓝宝石印章等。史诃耽墓中出土的蓝色宝石印章，一面抛光，另一面中央雕刻卧狮，四边有一周铭文。在蓝色宝石上雕刻图案的做法，流行于传入中国的西方文物上，其上的铭文属古波斯的帕勒维文。不难看出，从北朝至隋唐间，随着中西文化交流的发达，"丝绸之路"上商贾络绎不绝，各种西亚、中亚的遗迹、遗物源源不断流传到中国，固原作为丝路关隘、要塞重镇，发现诸多反映中西文化交流的遗物就不难理解了。

< 拜占庭金币的仿制品（史诃耽墓出土）

我爱宁夏

第五节　宋元时期

宋朝立国之后，割据于陕北的党项部崛起，经过其首领李继迁、李德明和李元昊祖孙三代半个多世纪的顽强战斗，并在辽国的支持下，于北宋咸平五年（1002）攻占灵州，迁党项首府于此，改称西平府。天禧四年（1020），又迁往河西怀远镇，改称兴州，作为夏国的都城。

明道元年（1032），李元昊即夏国王位后，为开国称帝做了一系列准备工作，如改宋朝年号为显道，放弃李、赵赐姓，改用党项语自称"吾祖"（又作"兀卒"），意为"青天子"；改变唐、宋礼仪、音乐和典章制度；严令"国中悉用胡礼"，管民一律秃发，耳垂重环，并"改大汉之衣冠"；还命野利任荣创制"国书"（西夏文字），设立"蕃学"等。终于在宋仁宗宝元元年（1038）十月正式建国称帝，国号大夏（党项语为"邦泥定国"，汉语为"大白上国"），自称"大夏始文本武兴法建礼仁孝皇帝"，改元"天授礼法延祚"，把兴州升为兴庆府，定为京都。史称西夏国。其疆域"东尽黄河，西界玉门，南接萧关，北控大漠，地方万余里"，号称"万里之国"。国内划分为二十二州，在宁夏境内有九州：兴州（今宁夏银川）、灵州（今宁夏吴忠境内）、盐州（今宁夏盐池东）、威州（今宁夏同心韦州）、顺州（今宁夏永宁西南）、永州（今宁夏永宁东北）、环州（今宁夏银川东南）、定州（今宁夏平罗姚伏）和西安州（今宁夏海原西安乡）。后又设立应理（今宁夏中卫）、鸣沙（今宁夏中宁鸣沙）二县。另外，在军事建制方面，分全国驻军为左右两厢和十二监军司。在宁夏境内设有三个监军司：左厢静塞军司（驻威州）、右厢白马强镇军司（驻盐州）和朝顺军司（驻

丰富多彩的宁夏历史

克夷门）。全国总兵力约 50 万人，大约有 22 万人马重点部署在今宁夏境内，其中以 7 万大军驻防于都城兴庆府周围，5 万人马驻防于东大门的盐池，又于西平府灵州和贺兰山要塞各驻防 5 万军队，形成对京畿地区的重兵严密拱卫。

知识小百科

宋辽金元酒器：黑釉剔刻花瓷扁壶

此壶 1986 年出土于宁夏灵武窑址，直口，台唇，长颈，壶体扁圆，器腹饰剔地刻花的开光折枝牡丹花纹，其外刻画花叶和弧线纹，纹样粗犷奔放，颇具西域特色。该扁壶的造型特征具有十分明显的游牧民族日常生活的烙印。腹部正反两面都有圈足，背面的起放置平稳之作用，正面的有对称和加固胎体的作用，器侧有两耳便于穿绳携带。小扁壶体态轻盈，可随身携带。扁壶的生产数量很大，器形适合游牧民族使用，为西夏境外的其它窑址所不见，应是西夏瓷酒器的典型器物。然而，西夏人尚武好战，烽火连年。扁壶被发掘出来的时候，已破碎为多块，后经修补方得以复原。它的残破，或许就隐含着一段悲壮的历史故事。

< 灵武窑址出土的西夏时期的黑釉剔刻花瓷扁壶

我爱宁夏

西夏统治者依仗全民皆兵的强大武装力量，从元昊称帝前后直到向金国称臣的乾顺元德六年（1124）的九十多年间，先后与北宋和辽国发生过大小战争无数次，形成与北宋、辽国三足鼎立的局势。后来在金国灭亡辽和北宋的新形势下，西夏仍然屹立在西北，又重新与南宋、金国形成新的三足鼎立态势。但是自蒙古部落强大起来以后，成吉思汗曾率蒙古铁骑军五次进攻西夏，在西夏宝义元年（1227），经历190年（1038—1227）和十个皇帝的西夏国终于被蒙古大军灭亡。

西夏国覆灭虽然已经七百多年了，但是党项族却给后人留下了光辉灿烂的西夏文化,现在国内外学术界对西夏文化的研究已经形成了"西夏学",它为多元文化的华夏文明增添了新的内容，丰富了中华民族的文化宝库和

知识小百科

西夏博物馆

西夏博物馆，是目前我国第一座以西夏陵园为背景，比较全面系统反映西夏历史的专题博物馆，基本陈列包括西夏历史、西夏王陵和西夏学术研究成果。馆内现

西夏王陵出土的琉璃迦陵频伽（西夏博物馆藏）>

丰富多彩的宁夏历史

有《西夏历史文化展》和《西夏研究成果展》，展出了西夏历史文物七百余件，西夏学术研究成果五百余册（份）。并配以大型沙盘模型、佛塔模型、微缩景观、人物雕像、临摹壁画、图版、照片等辅助展品。揭示了西夏历史文化的内涵，展现了西夏艺术的精华。人们到这里可以领略西夏王国往日的辉煌和灿烂。这个陈列被国家文物局评为"99年度全国文物陈列展览十大精品"之一。

精神财富。如优美的西夏文字和以西夏文撰写并印刷的大量著作与佛经，以及所遗留下来的大量珍贵文物和遗址等，都充分反映了党项族是中华民族的一部分，所谓西夏文化，与华夏大文化相比较，只是具有自己的民族历史和地理环境的特色而"本同末殊"罢了。

蒙元对宁夏的统治是建立在一片战争焦土的荒凉废墟之上。蒙古大军在攻西夏时，对西夏地区采取了杀光、烧光、抢光的野蛮做法，"其民穿凿土石以避锋镝，免者无一二，白骨蔽野"。元中统元年（1260），蒙军大将浑都海又在六盘山发动叛乱，祸及整个西北，使得宁夏处境雪上加霜。直到至地元年（1264）西夏中兴等路行省建立，郭守敬遂张惠民局诏，令流亡难民回籍，后又陆续设立西夏营田司、西夏中兴等路新附军万户府和开成路陕西屯田总管府等屯田机构，"自六盘到黄河立屯田、戍兵万人"，屯田数达四千顷。

至元二十六年（1289），元廷曾下令"徙翁吉剌民刻贫乏者就食六盘山"，就连南部山区都能做到粮食自给有余，北部黄灌区更是大量输出粮食，于是宁夏至东胜（今内蒙古呼和浩特）的漕运此时得到开通。

元代初以行省治理原西夏故地，至元二十五年（1288）设置甘肃行省，改中兴路为宁夏府路，归甘肃行省管辖，地方行政建制以"宁夏"命名，宁夏得名始于此时，其寓意是希望原西夏故地永远安宁。值得注意的是，宁夏这块多民族的大舞台，在元朝又增加了回族人入居和伊斯兰教的传入。最初是以"探马赤军随地入社，与编民等"和随军的工匠、商人、学者、

我爱宁夏

官吏、掌教等人为主，大都居住于城市和交通要道上，人户数量都很少。而宁夏地区情况却比较特殊，该地居大元帝国腹地，据中西交通要冲，六盘山麓又是安西王行官所在，是蒙元驻军的地方，探马赤军、回族炮手、回族匠人、回族商人及其家属等追随军队行止，早已定居在这个地方。安西王忙哥剌的儿子阿难答（忽必烈之孙），从小就是由这里军营附近的一户回族人家抚养长大的。

回族人是元代色目人中的主要部分，其政治地位仅比蒙古人低一等，而远远高于汉人和南人。阿难答自幼受到回回习俗和伊斯兰教礼规的训练，熟谙《古兰经》，通晓阿拉伯文，热衷礼拜，崇信伊斯兰教。至元十七年（1280），当他承袭安西王位后，就在所统率的15万大军中推行伊斯兰教，并命令蒙古儿童行割礼。元成宗铁穆耳坚决反对他的这种做法，甚至拘禁过他，但他宁可不要王位也不改变自己的信仰。皇太后阔阔真考虑到安西王在领地"唐兀"（称西夏国故土）已深得人心，唯恐引起民怨，只好劝成宗让步，释放他返回封地。虽然阿难答在成宗大德十一年（1307）铁穆耳死后的帝位争夺斗争中失败被杀，但他在陕甘宁封地倡导伊斯兰教已历时二十多年，使伊斯兰教在这个地区产生了深远的影响，促进了中国回族的形成和伊斯兰教在西北的传播。

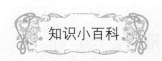

知识小百科

元代开城遗址

开城遗址是宁夏境内的一处元代大型遗址，位于固原市开城乡，处在六盘山东边清水河与泾河、茹河、葫芦河的分水岭上，是元代安西王设在六盘山地区的王相府。遗址面积2.86平方公里，主要遗存为元代。出土大量黄琉璃龙纹瓦、圆形瓦当、雕龙石座等大型建筑构件，表明这里是一处较高级别的遗址。史载，元世祖忽必烈第

丰富多彩的宁夏历史

四子忙哥剌曾驻兵六盘山，不久皇子安西王分治秦蜀，在开城设王府。后忙哥剌被封秦王，在此设王府，夏居开城，冬处长安。后因地震破坏，开城逐渐衰落，至明代降为县，后废。遗址中大量元代建筑饰件的发现，以及为祭祀成吉思汗而建的宗庙遗址的发现，都为揭开成吉思汗亡故之谜提供了史据，对研究元代社会和元明时期西北地区政区沿革有较高学术价值。开城遗址被国务院公布为第五批全国重点文物保护单位。

< 开城遗址

第六节　明清时期

　　朱明王朝从元朝手中夺取宁夏这块土地，其斗争也是艰难的。当明朝立国以后，大将军徐达曾于明洪武三年（1370）派部将薛显第一次占领过宁夏，但当时明军尚无力控制该地区，因为蒙元虽然退还大漠，仍然不断向北部边境侵犯，以河套和贺兰山一线边境最为严重，迫使明廷不得不采

我爱宁夏

取"空城"的办法，自洪武三年至五年间，暂时放弃宁夏地区，把全部人户迁到内地，使得贺兰山下、黄河两岸成为一片无人区的真空防御地带。直至洪武九年（1376）才开始陆续征调内地军民移居屯守，逐步恢复对该地区的行政管理，但政权形式也不同于内地的省、府、州、县，而是根据宁夏地区处于军事前沿、战事频繁的实际情况，采取军卫建置，实行军屯戍边为主和民屯辅助的军政合一方式，对宁夏实行特殊的行政管理。这是宁夏历史上又一次大规模移民行动。

在明代新的居民中，有"齐、晋、燕、赵、周、楚之民；而吴越居多，故彬彬然有江左之风"。有明一代，今宁夏区一隅之地，北部设立宁夏镇，不仅委派专挂"征西将军"印的总兵镇守，又钦命巡抚大员驻节，复遣宦官常驻监边，并封皇子为庆王，以宁夏为藩国。全镇设宁夏卫、宁夏前卫、宁夏后卫、宁夏中卫和宁夏左屯卫、右屯卫、中屯卫，计七卫。每卫下设左、右、中、前、后五所，加上灵州、平虏、兴武、韦州（群牧）四个独立千户所，合为39个千户所。在南部地区除设立固原州和固原卫（内辖五所）以及西安、镇戎、平虏（平远）、甘州（群牧）计九个千户所外，又设固原镇，并以钦差重臣担任陕西三边总督，开府固原，坐镇指挥延绥、宁夏、甘州和固原四大镇总兵，几占全国北边防务"九边重镇"之半数，其重要性就不言而喻了。固原的得名，也是起于此时。成化二年（1466）开城县被鞑靼攻破，次年决定迁往城北唐宁"故原州"地的"古原州"城重建新城。这座新城就是今固原县城前身，城名因"故原州"和"古原州"，转音为"固原"命名，寓意当然是城池坚固、固若金汤了。

明代宁夏三面临边，终明之世均为用武之区，所以它的军屯和军事建设成绩突出。全镇各类军人总数，最高时达到7万人马，其中卫所定"以十之七屯种，十之三守城"。永乐初年，卫所军为20413名，以14184名屯垦，计耕田8337顷有奇，创造了"天下屯田积谷宁夏最多"的成绩。随着水利的兴修，水政管理加强，至万历前期，屯田数已经展为18828顷。虽到明后期，屯田破坏，人口逃亡，但毕竟在明朝大部分时间里，宁夏的农业水利事业得到了较大的发展和进步。

军事建设则以修筑长城（边墙）为代表。宁夏境内有明一代修建的长城，工程十分浩大。自成化八年（1472）倡修，后经历数次续修和补修，逐渐形成。东边墙、西边墙、北边墙（含陶乐堤）和固原旧边墙等四条骨干边墙，全长约三千里，分属宁夏镇和固原镇管辖。同时在长城沿线扼要还设有一些关门，其中最重要的是：镇远关、北关门、大磴口三关、赤木关、胜金关和东关门（长城关）。另外，于临敌前沿一线，或交通要冲的空旷地带，又添筑墩台，派军瞭守，称之为烽燧，俗称"烽火墩"。遇有敌情，白日升烟，夜间举火，墩相递传，让边内有所准备，使军城指挥中心得以提前调兵遣将部署战守。全镇防区内，计有烽燧596座，作为对长城设防的重要补充。当然，贺兰山本身也是一道天然屏障，它有大小山口36处，多数可通人畜，大口则军马通行无碍，明时于大口筑墙、设关，小口择要驻军把守，其防务都比较完善。

明朝后期，在内乱外患的双重打击下，明朝统治摇摇欲坠。宁夏地区也不例外，这里的土地、牲畜和牧场被王府、将军和官吏兼并，屯军外调，连年灾馑，人民逃亡，驻军闹饷，加之农民起义军的不断冲击，终于在崇祯十六年（1643）十月、十一月间，固原、宁夏两总兵不战而降，宁夏南北两地，均归顺于李自成农民军在西安建立的大顺政权，明朝在宁夏的统治宣告结束。

知识小百科

中宁县明代鸣沙洲塔

原名安庆寺永寿塔，是一座八角十一级密檐式砖塔。位于宁夏中宁县鸣沙镇北侧黄河故道南岸的安庆寺遗址内。据明《嘉靖宁夏新志》载：鸣沙州城有"安庆

寺，寺内浮屠，相传建于谅祚之时者"。又据《重修安庆寺碑记》及《重建鸣沙州安庆寺永寿塔碑记》载："嘉靖四十年，坤道弗宁，震动千里，山移谷变，寺院倾颓。""自隆庆三年以来，屡施营膳之费，工程浩大，未易速竣。万历八年三月上旬告完，僧复乞塔名，改曰'永寿'。清康熙四十八年又遭震劫，永寿塔复崩其半，上七级半无存，剩下六级半。"故现存鸣沙洲塔下半部六层为明代原物，六层以上部分为1985年重修。

鸣沙洲塔 >

进入清朝以后，由于清廷推行"满蒙一家"的政策，居住于黄河、长城之外的蒙古各部已不再是敌对势力，而与内地一样，都是大清帝国的臣民。因此，和平交往代替了战争，长城、军垒都失去了原来的军事意义。宁夏地区的地位随之发生了根本性转变，一改历代中原王朝汉族统治者与边疆地方政权或少数民族部落首领之间争夺的军事战场形象，从而迎来了清中前期宁夏地区民族团结、社会稳定、经济勃兴的所谓"康乾盛世"。

丰富多彩的宁夏历史

首先，清廷实行"化军为农"和"变兵为民"的政策，废除了明代"无兵之用，有兵之费"的军屯制度，军屯经济为小农经济所代替，原数万名屯军整体转变为向官府纳赋的自耕农，仅此一项，收入除外，每年又节省军费开支13万两白银。

其次，大兴水利，扩大灌溉面积。新修成的水渠有：清康熙四十七年（1708）宁夏府水利同知全臣主修的大清渠，雍正四年（1726）兵部侍郎通智主修的惠农、昌润二渠，乾隆二十五年（1760）中卫县知县主修的长永渠。新渠总长度六百里，扩大水浇地约11万亩。另外，对旧渠也及时进行全面疏浚，同时大力加强水政管理，使宁夏的农田水利建设上了一个大台阶。

再次，招民垦殖，仅在平罗境内的查汉托护地方，就连片开垦耕地近万顷，曾一度在此地特建新渠、宝丰二新县。乾隆间，宁夏入赋额田为22527顷，相当于前明宁夏镇最高耕地数18828顷的1.2倍。嘉庆间全府有214992户、1392315口，与明万历间26636户、46125口相比，户增7倍，口增29倍，创造了宁夏历史人口的最高纪录。

同样，固原地区也失去了军事重镇的地位，总督衙门迁往兰州，固原总督移驻河州，只有陕西提督还驻节固原，军政负担大幅度减轻，加上对各藩王霸占牧场的接收，使固原地区的社会经济也得到较快的发展。与经济发展相同步，文化教育事业也有了大的进步。

知识小百科

马化龙与西北回民起义

道光年间鸦片战争以后，西方列强以炮舰打开了中国的大门，使得闭关自守的封建中国逐渐沦为半封建半殖民地的国家，从而加剧了国内阶级矛盾和民族矛盾。

到同治间，在太平天国和捻军斗争的鼓舞下，终于爆发了西北地区大规模的回民反清抗暴斗争。在这场反清浪潮中，马化龙领导的金积堡和宁夏各地穆斯林的战斗，是西北各地穆斯林的中流砥柱，"各地回众皆观望宁郡举止以为顺逆"，"率视金积为向背"。在这场长达十年之久的艰苦卓绝的斗争中，宁夏回族人民付出了巨大的牺牲，马化龙及其家族被清军屠杀，数以万计的穆斯林离开家园，被迁赶到荒凉的穷乡僻壤苦度生计。但马化龙领导宁夏穆斯林反清斗争的意义不可低估，它继太平天国革命运动之后，又一次动摇了清王朝封建统治的基础，在中国近代史上占居重要地位。

在后来的辛亥革命运动中，以汉族为主的宁夏汉回人民在甘肃省较早组织宁夏革命同盟会支部，率先发动起义，并很快光复了府、州、县，相继成立了革命军政府，在西北产生了很大的影响，具有十分重要的意义。因为它堵塞了西北通往内地的最后一条通道，从而打破了顽固派升允、长庚之流企图迎"清廷西迁"，偏安甘肃，待机复辟的阴谋，同时也缓解了西安革命政府的军事压力，为挽救民军危局赢得了宝贵的时间。

第七节　民国时期

民国肇造，宁夏一度改称朔方道，仍归甘肃省管辖，并无什么大的变化。但是在北洋军阀的混战中，却养成了一支回族小军阀的武装集团，并造成马福祥、马鸿逵、马鸿宾家族父子侄对宁夏长达三十多年的黑暗统治。

马福祥于民国元年（1912）任宁夏镇总兵（后改任护军使），率所部昭武军进驻宁夏，1920 年调任绥远都统，宁夏护军使由其侄马鸿宾接任（后改任镇守使），直至 1925 年西北军入甘才告一段落。

在这一时期内，马家军出于巩固马氏家族统治地盘的需要和回族军阀排他性的必然表现，在消除内外各种地方武装力量动乱、平定匪患、保护民生方面，客观上起到了一定的积极作用。他们对地区经济发展同样也做了一些有益的工作，如兴修水利、创办实业、改善交通、禁种罂粟和提倡回民教育等各项事业，都做出一些实际成绩，使得宁夏这片土地，能在军阀混战的动乱年代里，保持着相对的社会稳定，人民生活虽然贫困，而不至流离失所，尚可以艰难维持生计。

1925 年，冯玉祥部西北军控制西北以后，为了与蒋介石、阎锡山和李宗仁逐鹿中原，把庞大的战争负担转嫁给了西北人民，使广大城乡经济受到严重破坏，但同时也给宁夏地区的经济社会、政治形势带来三个方面的重大变化。

其一，宁夏建省。1928 年 10 月 19 日，南京国民政府正式以国民政府命令行文，公布设置宁夏省。10 月 24 日，冯玉祥在国民党中央政府会议上提出了宁夏省政府组成委员的名单，并获通过。11 月 1 日，南京国民政府按照冯玉祥的意见，正式颁布命令，任命冯部国民军第七军军长门致中为宁夏省政府委员兼政府主席。不管宁夏设立行省有什么背景和动乱，但它在该地区的历史上是一个重要的里程碑，为地方的发展带来契机，开拓了广阔的前景，意义深远。

其二，中共宁夏党组织创建。冯玉祥部的政工人员基本上是共产党员，因此革命新思潮与大军一道涌进封闭落后的宁夏，使人民的思想得到解放，进而又把马列主义的真理传播到宁夏，特别是中共宁夏第一个党组织的创建，在宁夏具有划时代的意义，从此宁夏人民的革命斗争进入了一个崭新的时期，斗争的性质发生了根本变化，为全省回汉各族人民的解放吹响了进军的号角。

我爱宁夏

其三，马鸿逵回族军阀统治宁夏。冯玉祥集团在中原战败以后，其势力从西北地区退出。1931年，蒋介石先后任命马鸿宾任甘肃省主席，马鸿逵任宁夏省主席，从而冯玉祥经营西北的果实为马氏兄弟分而食之。1933年初，马鸿逵以宁夏省政府主席、国民党宁夏省党部主任和十五路军总指挥的三重身份，开始了宁夏长达17年的独裁统治。抓兵、敛财和反共是马鸿逵统治宁夏的三大特点。到解放战争时期，共70万人口的宁夏，就养活着近十万军队，而马鸿逵在逃亡前，又把在宁夏聚敛的大量财宝偷运出境。当然，军阀如果不和土地和人民相结合，也是无能为力的，所以马鸿逵常称宁夏是"第二故乡"和"桑梓"，换句话说是他的根据地和命根子。所以，从自身和团体利益出发，也要把这个得之不易的地盘经营好。

马鸿逵统治宁夏期间，清丈土地，整顿税制，控制金融，稳定货币，兴修水利，植树造林，提倡科技，并在工农业生产中进行新科技试验，文化教育事业等方面都能跟随时代的步伐。马鸿逵集团虽然不是蒋介石的嫡系，但出于阶级的本质和根本利益的一致性，他又完全充当了国民党反动派在宁夏的代表人物，并在反共反人民的反革命道路上一直走向灭亡。日本投降以后，马家军立即加入蒋介石打内战的行列，在内战中一次又一次

十九兵团进驻银川 >

对人民犯下新的罪行，同时也一次又一次遭到惨重的失败，最后把惨淡经营，积聚起来的十万马家军输得精光，戴着一顶战犯的帽子逃亡海外。马鸿逵惨淡经营数十年的武装，在革命洪流席卷之下顷刻间土崩瓦解，建立在暴力基础上的马氏家族军阀政权随着其军队的瓦解而彻底覆灭。

　　1949年9月23日，中国人民解放军第十九兵团按照西北野战军司令员彭德怀的命令，首先占领宁夏省会银川市，标志着宁夏省的解放。12月宁夏省人民政府正式在银川市成立，宣告了宁夏回汉蒙古各族人民走向新生，迎来了共产党领导下劳动人民当家作主人的新时代。1949年10月1日，在解放军进入银川的四天后，毛泽东主席在北京向全世界庄严宣告：中华人民共和国成立！至此，宁夏这块有着两千多年引黄灌溉史、被誉为"塞上江南"的西部湖城翻开了它历史新的一页。

第四章

宁夏的历史名人

　　李元昊长了一副圆圆的面孔，炯炯的目光下，鹰勾鼻子耸起，刚毅中带着几分凛然不可侵犯的神态。中等身材，却显得魁梧雄壮，英气逼人。他颇具文才，精通汉、藏语言文字，尤倾心于治国安邦的法律著作，善于思索、谋划，对事物往往有独到的见解。这些都造就了元昊成为文有韬略、武有谋勇的英才。

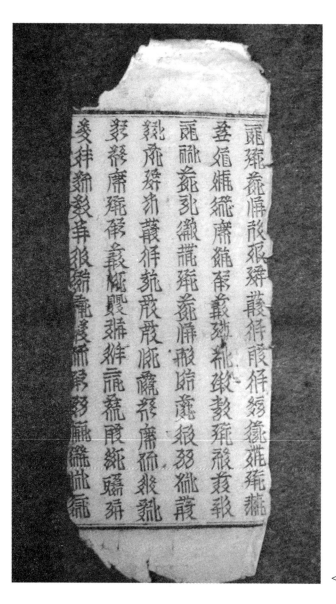

< 野利任荣创制的西夏文字

第一节　北周大臣李贤

李贤（503—569），西魏、北周大臣。曾祖父李富，祖父李斌，父亲李文保，曾在陇西老家和高平（今宁夏固原）等地当地方官。李贤就出生在高平城。

北魏正光五年（524）四月，高平镇敕勒族酋长胡琛发动高平起义，占据原州城。武泰元年（528），北魏派骠骑大将军、雍州刺史尔朱天光进军镇压。当时民族军另一部首领万俟丑奴正在围攻岐州（今陕西凤翔境内），只留下万俟道洛等部据守大本营原州。尔朱天光秘密派人前往原州联络李贤，要他在城内想办法配合官兵作内应。李贤巧妙利用民族军的矛盾，使用调虎离山计策，把盘踞在原州城内的民族军头目万俟道洛的部众6000人引诱出城，使得尔朱天光的部队顺利收复了原州。尔朱天光任命都督长孙邪利镇守原州，任命李贤为主簿，掌管文书，办理行政事务。万俟丑奴的余部达符显反攻原州，李贤又冒死出城到雍州（今陕西西安西北）向尔朱天光求援，解救了原州。原州解围后，李贤又因功被授为威烈将军、殿中将军、高平令。从此，李贤步入仕途。北魏永熙三年（534），大将军宇文泰西征进驻原州，任命李贤为都督，全权镇守原州。秋七月，西魏政权诞生后，宇文泰控制西魏朝政，升李贤为左都督、安东将军，封上邽县公，继续镇守原州。

西魏大统二年（536），原州人豆卢狼杀死都督大野树儿等守将，占据州城反叛。李贤组织敢死队，亲率300名勇士，制服叛军，平定了叛乱。此后他升任原州刺史，掌管原州军政大事。大统十二年（546）以后，李贤先后从征凉州，打败茹茹（柔然），抚尉河西五郡，屡建功勋，被封为车骑大将军、开府仪同三司。

李贤帮助两魏政权镇压民族起义军胡琛、万俟丑奴的期间，曾与北周政权的奠基人、时任西魏大将军的宇文泰建立了深厚的友谊，宇文泰凡到原州，必在李贤家中"欢宴终日"，不分上下级，情同手足。宇文泰甚至把自己两个儿子寄养在李贤家中，其中一个儿子就是后来北周的皇帝宇文邕，另一个是北周齐王宇文宪。宇文邕坐上皇帝大位之后，曾于保定三年（563）七月至九月西巡原州，特意探望李家。他对儿时生活过的地方有着浓厚的感情，触景生情，多有感慨，便把李贤当作北周的"皇亲国戚"看待，对李家大加表彰与奖赏。

由于与北周皇室的特殊关系，李贤受到格外重用，被授予重权，曾担任使持节、河州总管、洮州（今甘肃临潭）总管，统领三州七防军诸军事、河州刺史、洮州刺史等要职，成为北周政权西陲的守护神，"虏遂震慑，不敢犯塞"，全仗李贤的威名。

北周天和四年（569）三月，李贤在京师长安病故。同年归葬原州。为追念李贤一生功绩，北周朝廷赠李贤使持节，柱国大将军，大都督，泾、原、秦等十州诸军事，原州刺史。

1983年，宁夏考古工作者在固原县南郊乡深沟村对李贤夫妇墓进行发掘。出土李贤夫妇墓志两盒及金、银、铜、铁、陶、玉等各种随葬品七百七十余件，彩绘陶俑两百余件，壁画二十三幅。其中鎏金银壶属于典型的中亚萨珊王朝的工艺品，是研究这一时期中国与中亚文化交流不可多得的重要物证。

我爱宁夏

第二节　爱国忧民的傅燮

傅燮，字南容，原字幼起，凉州北地郡灵州县（今宁夏吴忠市利通区境内）人。生年已不可考，从其老师刘宽在灵帝即位后回到中央的经历，及本人中平四年（187）殉难时儿子傅干年仅 13 岁推断，傅燮大概与汉灵帝同龄。

出身凉州望族的傅燮的启蒙老师，就是拥有开府辟召掾属权力的当朝太尉刘宽。傅燮虚心求教，砥砺修行，学业有成。将成年后的傅燮察举为孝廉的伯乐是北地太守范津。作为 20 万中选一的英才，治国平天下的时机到了，但傅燮再次进京之后却听到恩人范津守丧丁忧的消息．他当即决定弃官行丧三年，以报答范津的知遇。北地傅燮这个名字就此为天下人所知。

中平元年（184），在中原八州爆发了声势浩大的黄巾起义，北地太守、名将皇甫规之侄，凉州军方实力人物皇甫嵩被任命为左中郎将，率军赶赴内战前线。作为北地父母官，皇甫嵩自然深知本郡名士傅燮的大名。值此危乱之秋，傅燮出山担任了皇甫将军的护军司马。皇甫嵩能力高、品德好而不妒贤嫉能，加以彼此都是饱读诗书、文武双全的凉州同乡，傅燮和皇甫嵩相处得十分融洽，凭借自己的文才武略，傅燮很快成为独当一面的将才。

当时灵州一带居住着许多少数民族，为反抗官府的压迫与剥削，以羌族人为首的民众，不断发动起义斗争。傅燮是本地人，自幼就了解少数民族的疾苦，他上任后没有采取前任官员的镇压手段，而是尽量抚恤羌人，组织他们开荒种田进行生产自救。渐渐流亡的乡民和盘踞山林的少数民族

"怀其恩化，并来降附"，很快就使动乱的北地郡基本上安定下来，各族人民和睦共处，在一定程度上过着安居乐业的生活。

第三节　西夏开国皇帝李元昊

李元昊，西夏开国皇帝，党项族人，北魏鲜卑族拓跋氏之后，李继迁孙，李德明长子，李姓为唐所赐。少年时代的元昊饱读诗书，对兵书更是手不释卷，专心研读，尤倾心于治国安邦的律法著作，一向善于思索、谋划，对事物往往有独到的见解。宋朝边将曹玮，早想一睹元昊的风采，但总不能见到，后派人暗中偷画了元昊的图影，曹玮见其状貌不由惊叹："真英勇也！"

李元昊崭露头角是在1028年进攻甘洲（今甘肃张掖）回鹘政权的战争，这年他24岁。以甘州为中心的回鹘政权和占据西凉的吐蕃都是宋朝得以

＜李元昊塑像

我爱宁夏

联络而挟制党项的盟友，元昊之父李德明为了使西夏政权得以巩固和发展，首先采取攻占河西走廊的战略，并由其子元昊担当西攻的重任。元昊接受了西攻回鹘的重任后，采取突然袭击的战术，使回鹘可汗来不及调集兵力，甘州城即被攻破。此后，瓜州（今甘肃安西）、沙州（今甘肃敦煌）相继降夏。元昊由于这一显赫战功而被李德明册封太子。接着元昊又按其父意图，在率军回师途中，采取声东击西的办法，乘势突破西凉，一举成功。突袭甘、凉的成功，不仅使党项的势力扩展到河西走廊，也使年轻的李元昊赢德了荣誉。

北宋明道元年（1032）十月，李德明病势后，李元昊在兴州（今宁夏银川）以太子的合法身份和自己的军事才干以及显赫的战功，取得了党项政权的最高统治权。此时，西夏所控制的领土"东尽黄河，西界玉门，南接萧关，北控大漠"，"方二万余里"，事实上已形成了与宋、辽三足鼎立的局面。

元昊继位后，为了强化民族意识，增强党项族内部的团结，争取贵族上层和广大党项部落人民的支持，首先抛弃了唐、宋王朝赐封给其祖的李姓、赵姓，改姓嵬名，称"吾祖"。1034年，李元昊改年号为广运，后知此为晋朝年号，遂又改为大庆。同年五月，又升首都兴州为兴庆府（今宁夏银川），在城内大兴土木，扩建宫城，广营殿宇。兴庆府的布局仿照唐都长安、宋都东京。李元昊还依照中原王朝的礼仪，设立文武百官，地方分别设州、县。对文武百官的服饰和官民服饰分别做了严格的规定。这些措施进一步巩固了党项社会内部日益增长的封建关系，同时也适应广大新占领汉族地区的封建统治的需要。

元昊大庆三年（1038）十月十一日这一天，在兴庆府的南郊，祭坛高筑。元昊在亲信大臣野利仁荣、扬守素等人的拥戴下，正式登上了皇帝的宝座，国号称大夏，改元天授礼法延祚。是年元昊34岁。

元昊不仅是一个十分有头脑的政治家，还是一个卓越的军事家。作战时，多针对客观情况指定战术，为了争取作战胜利，不惜采用种种手段，调动各种力量，用谋略取胜。每战或诱降，或诈降，或行间，或偷袭，或设伏。天授礼法延祚三年（1040）正月，元昊派牙校贺真等率部向宋金明寨部都监李士彬诈降，又令将士与士彬相遇时不战而退，称士彬为"铁壁相公"，说"我等闻铁壁相公名，莫不坠胆"，以此使李士彬越加骄傲，松懈防务。然后李元昊用突袭战术围攻金明寨，原来诈降的党项士卒为之内应，一夜之间就攻破寨城，俘虏李士彬。接着元昊进围延州（今陕西延安），宋朝驻延州的长官范雍十分惊慌，立即牒令驻守庆州（今甘肃庆阳）的刘平和石元孙率军赴援。刘、石二人带领人马赶到延川、宜川、洛水三河的汇合处三川口时，已经人困马乏。西夏兵按照元昊的部署，在此设伏以待，从山地四出合击，将宋军万余人消灭殆尽，刘平和石元孙被俘。三川口之战是西夏建国后取得的第一个大胜仗，充分显示了元昊的军事指挥才能和西夏军事力量的强大。

元昊建国后形成的宋、辽、夏三国鼎立的局面，使当时的局势复杂化，出现了三国角逐的形势。元昊时期的对外政策，既不同于继迁时期的一贯联辽抗宋，又不同于得明时期的与宋、辽和平相处，而是根据实际利益，随机应变抗衡宋、辽，视二国"之势强弱以为异同"。这是十分灵活的外交政策。

元昊在建国的过程中，很重视人才的培养和收罗。西夏建国初，因忙于战争，教育事业并不发达，所以元昊特别注重吸收汉族知识分子为自己服务。《宋史·夏国传》记载元昊的"智囊团"有嵬名守全、张陟、张绛、扬廊、徐敏宗、张文显，除了嵬名守全是党项人，其余皆汉人。重用张元、吴昊，更说明了元昊对汉族人才的重视。张元曾当过西夏的中书令，和元昊一起指挥了好水川战役。张、吴二人帮助元昊成就了一番事业，这充分显示了汉族知识分子在少数民族地区的政治军事作用，也说明宋朝不重视知识分子的失策。

元昊对西夏文化建设的最大贡献就是主持创制了西夏文字。元昊规定西夏国内所有艺文诰牒，一律都用新制夏字书写。由于元昊的大力提倡和

我爱宁夏

∧ 西夏王陵三号陵，是九座王陵中占地最大和保护最好的一座，考古专家认定其为西夏开
　国皇帝李元昊的"泰陵"。

推行，西夏字上自官方文书，下至民间日常生活，广泛使用并迅速流行，
这不仅对元昊加强统一、巩固统治起了巨大的作用，也是元昊加强民族意
识建设的又一突出贡献。元昊继位后，对党项民族实行受唐宋影响的礼乐
制度十分不满。他按照"忠实为先，战斗为务"的标准，认为唐宋以来的
中原礼乐过于繁缛，不适合党项民族的习惯，于是"裁礼之九拜为三拜，
革乐之五音为一音"，简化了礼乐制度。

　　但是，元昊和历史上许许多多的统治者一样，也有自身固有的和难以
克服的缺憾与不足。他认为皇权已经很稳固而陶醉于自己的赫赫战功。后
期不理朝政，经常在贺兰山离宫和诸妃嬉戏，纵情声色。他给儿子宁令哥
取妻没（移）氏，见其貌美，就夺为己有，并立为"新皇后"。宁令哥难
以忍受夺爱之恨，于是持戈进宫刺伤元昊。元昊被削去了鼻子，受了惊吓，
又急恼不过，鼻创发作，于夏天受礼法延祚十一年（1048）正月初二死去。
夏国的开国皇帝、党项族的一代英主，就这样中道而殂。

第四节　西夏文字的创制者野利任荣

　　党项族有自己的语言，但没有自己的文字。随着党项族社会的发展，为巩固民族语言，增强民族意识，忧国忧民的野利任荣认为创制一种作为党项族表征的党项文字势在必行。在元昊的大力支持下，野利任荣独居一高楼上，根据汉字与藏文的若干特点，专心研修，废寝忘食，不分白天黑夜，终于在短短几年后，既大庆元年（1036）演绎出了西夏文字十二卷。

　　西夏文字是野利任荣仿照汉字的造字特点，多采用会意合成法，例如：取水和土的各一部分合成泥字，地和动的各一部分合成震字等。西夏文字在不太长的时间里被创制出来，既是党项民族富有智慧的表现，同时也为西夏政治和文化的发展开辟了一个新纪元。野利任荣创制出西夏文字后，

∧西夏博物馆中刻有西夏文字的碑墙

我爱宁夏

元昊下令遵为"国字"。颁布之时，群臣上表敬献颂词，举国庆贺，并改元（广运三年）为大庆元年以示庆祝。为了推广这种文字，野利任荣派人到民间教习传授，帮助他们使用西夏文字记事，并不辞辛劳亲自到过很多地方传授、解惑。元昊规定西夏国内所有的文艺诰牒，一律都用新制夏字书写。

由于野利任荣的积极推行和大力提倡，西夏字便广泛使用和迅速流行起来，上自官方文书，下至民间日常生活方面，都用新文字。经过应用，西夏字也逐渐演绎成一套如汉字楷、草、隶、篆书体的固定体式。野利任荣创制西夏文字在当时是很有必要的，因为西夏的主体居民党项族从来不曾有过自己的文字，他们在热情建立自己的政权时期，迅速创制新文字用以巩固民族语言，并从自己所熟悉的语言入手，来提高学习文字的效率，以便进一步普及和发展社会文化知识。

野利任荣创制出西夏文字后，元昊在国家的政权中设立了"蕃字院"。元昊对蕃字院特别重视，特委任野利任荣来主持。元昊同吐蕃、回鹘及西域各国往来文书，一律用西夏文字书写，由蕃字院担任撰写。除此之外，野利任荣通过翻译汉文典籍、学习汉族文化，掌握了治理封建国家的一套本领。在蕃字院中，野利任荣主持翻译了《孝经》、《尔雅》、《四言杂字》等汉文典籍，还在党项和汉族官僚子弟内选拔品学兼优者，让他们进入蕃字院学习，等到他们学业有成时，出题考问，根据他们的成绩，授以大小官职。野利任荣的这种培养、选拔官吏，以科举取士的办法，对提高党项地主阶级的文化水平，抑制贵族豪强势力的扩大，巩固夏国封建政权具有积极意义。

天授礼法延祚五年（1042）七月，为西夏民生国计操劳一生的野利任荣去世。纵观野利任荣一生，他不仅是一个有成就的大学者，而且还是一个有作为的远见卓识的政治家。野利任荣能把二者合为一身，这在西夏国党项族人中是不多见的。

知识小百科

西夏文字的构成特点与规律

西夏文是方块形的表意字，分单纯字和合体字两大类，单纯字较少，合体字占绝大多数。合体字中，与汉字会意字类似的会意合成字和与汉字形声字类似的音意合成字最多，这是西夏造字的主要方法。比如用西夏文"水"和"土"的各一部分，合成西夏文"泥"字。反切上下字合成造字、互换字、对称字很有特色，是西夏造字的特殊方法。

第五节　对宁夏水利事业做出贡献的王全臣

清初开创的相对稳定的政治局面，为宁夏地区的经济恢复发展提供了必要的客观条件。兴修水利是宁夏发展农业生产的主要措施。康熙后期，水利专家王全臣曾到宁夏主持水利，开渠治水，为宁夏水利事业作出了贡献。

王全臣，湖北钟祥人，康熙四十七年（1708年）春，出任宁夏水利同知。他到任后，正值春季兴工疏浚渠道之际，便亲自到各渠仔细踏勘，发现宁夏两大干渠——唐徕渠和汉延渠均存在引水不足的问题。特别是唐徕渠存在三大问题：一是渠口下黄河中的迎水坝逐渐消没，河水偏向东流，致使在河西的唐渠口进水量少且无力，渠口常常被泥沙澄淤阻塞。二是渠道淤塞严重，通水不畅。自杜家嘴至玉泉营，尽系淤沙，每遇大风起，常常造成淤沙堆积。又因此处无渠堤，又不疏浚，时间一长，竟使渠底与两岸田

我爱宁夏

地齐平，甚至有的渠底高于两岸田地。河水泛涨时，入渠之水至此阻梗，便旁灌月牙、倒沙两湖，待两湖灌满了，然后才溢于渠内，缓慢向前流淌，不知浪费了多少水力、经过多少时日，才流过玉泉桥。三是渠道过长。渠口本来就进水不多，又苦于渠道不畅，流程300里，供数百个陡口分水，到下游基本无水可供。唐徕渠几乎成了一条废渠，特别是黄河一到枯水季节，水量就更少了。

王全臣踏勘时，发现在汉延渠口之上有一小渠，名叫贺兰渠，宽数尺，长10余里，引黄河水灌田数顷。虽然黄河水直冲其渠口。但由于口低身小，导引不得法，故流程不远。他决定利用此渠形势另开一渠，以补汉、唐两渠水力不及的问题。

此项工程渠道全长75里，在宋澄堡（今永宁县增岗乡宋澄村）汇入唐徕渠。渠口宽8丈，深5尺；渠道上段30里，宽4丈，深6—7尺；中段30里，宽3丈5尺，深5—6尺；下段15里，宽1丈6尺，深5尺。渠道东、西两岸共有陡口167道，灌溉陈俊、蒋鼎、汉坝、林皋、瞿靖、邵刚、玉泉、李俊、宋澄9堡田地，共计1223顷有余。工程竣工后，取名为"大清渠"。渠口放水的那天，"妇女孩童，咸出聚观，惊喜之状，若有意外之获"。因为不到一个早晨，便遍注田间，连那些过去根本淌不上水的高田，现在连田间小路都漫了水，村民怎不惊喜、欢呼雀跃呢！

第二年，王全臣又主持在陈俊堡（在今青铜峡市境内）修建大清渠正闸。闸下为两孔，每孔宽1丈，闸外建退水闸3座，闸上建桥房5间，左侧建游亭1所，其规模可与汉延渠、唐徕渠两闸相鼎峙，竣工后，取名为"大清闸"。另外，建大清闸的地方，是旧贴渠经由之地，贴渠比大清渠高6尺有余，大清渠开通后，便将贴渠截断了。为了不影响贴渠通水，王全臣又在大清闸后两旁的石墙上架设木制飞槽一道，让贴渠之水自西而东流过。飞槽建成后，不但贴渠之水畅通无阻，而且闸上闸下，水流交错，波声呼应，遂成为一道特殊景观。王全臣曾赋诗《大清闸落成》以记之：

规模直与汉唐同，　　石浮杠落彩虹。

远近萦纤分上下，纵横挹注任西东。

惟知顺水行无事，敢谓开渠辄有功。

最是亭成临孔道，喜闻过客话年丰。

　　王全臣在修完大清渠后，又开始全面疏通唐徕渠，解决澄淤、受水困难等问题。他采取的办法是，在唐徕渠口黄河内，用石子、柴草修筑一道450余丈的迎水坝（导水堤），劈黄河1/5的水西折入渠，渠内水量倍增。同时，全面疏通渠道，排除淤沙。历年不挑挖的渠段，则多用民夫挑浚，渠道两旁修筑高厚的渠堤，不让渠水绕道于湖。水行迅速则沙随水走，不致淤积。经过王全臣卓有成效的治理，唐徕渠"口内洋溢，咽喉无阻"。

　　王全臣任宁夏水利同知期间采取的另一项措施是，大胆改革宁夏平原地区每年春工挖渠办法。宁夏引黄灌区每年春季都要对渠道排挖疏通一次，但在运作过程中积弊较多。王全臣规定，在清明开工前一个月，各渠从渠口到渠梢都要仔细检查丈量，用水平仪器测量渠道高低，记录下测量结果，预造一份工程册，如某处渠道淤塞，应挖深多少，挖宽多少；某处渠堤低薄，应筑高多少，筑厚多少；某处工程量大，用工多少；某处工程量小，用工多少。在施工时，根据工程册的测算数据安排每个渠段的劳动力。自上游到下游，依次按地界就近征调渠工。春工期间，王全臣每天都要到施工现场检查，如发现施工质量有问题，立即责令返工。由于革除了往年春工期间的种种弊端，各渠段分工到堡，各负其责，按具体要求，自觉尽心尽力，不敢懈怠贪懒，因而工程进展速度快，质量也高。往年立夏月余后，渠水还淌不到下游，严重影响了小麦等夏季农作物浇灌头轮水，而今放水不过四五日，下游农田就普遍灌溉了一遍。

　　汉延渠旧有3个涵洞，在魏信堡的叫上洞，在张政堡的叫中洞，在王澄堡的叫下洞。张政堡涵洞用石料建成，由于年久失修，已倾斜损坏；魏信、

我爱宁夏

王澄两处涵洞比张政涵洞更大，且都是用木料做成，已朽坏不堪。如果涵洞倾倒，汉延渠就会被完全切断。王全臣意识到问题的严重性，他决定用石料彻底修理这3座涵洞。施工前，他详细计算了用工用料数量，做出具体的施工方案。康熙五十一年（1712年），他主持加修涵洞，动员300个民工准备材料，200个民工开凿山石，又罚上年春工时误工的数百名民工运送石料。经过一个月的努力，三座涵洞全部修复一新。由是"夏秋之际，田间水满如故，而各湖之滨且涸而为田"，泛滥之害免除。

王全臣任宁夏水利同知不到5载，共开渠70余里，筑堤坝数百丈，为宁夏水利事业的发展作出了卓越的贡献，宁夏士民为感谢其恩泽，特于府城东立生祠纪念他。

知识小百科

宁夏的水渠

春秋战国时期，宁夏平原上基本还是"羌戎所居"的游牧地区，黄河没有发挥出灌溉农业的作用。秦代戍边大将蒙恬在河套黄河沿岸地区开始筑城屯驻，拉开了宁夏北部地区第一次移民开发序幕，而这种开发的一个重要举措就是利用黄河水开凿水渠，进行农田垦殖。经过历代的兴修，如今的宁夏平原上分布着大大小小的

唐徕渠从新兴现代的银川穿城而过 >

宁夏的历史名人

水渠。这些渠系的名字中，给人印象最深的是体现时间概念的以朝代命名的：秦渠、汉渠、唐徕渠、大清渠，这些渠系就像一部摊开在宁夏平原上的水系史籍。把这些渠首尾相接，长度超过 1800 公里。2000 年末曾间断开凿与完善的古渠水系，已融入宁夏平原，不仅作为一种实用工具，默默地与宁夏平原上的人们为伴，而且作为一种独特的人文风景，镶嵌在宁夏千年的历史长河中，哺育、丰富了宁夏平原的文化长廊。

第六节　清末名将董福祥

董福祥（1839—1908），字星五，汉族，甘肃环县毛井王朝山（清属甘肃固原县）人。董福祥出身于西北黄土高原穷乡僻壤的固原毛居井村的一个农民家庭，父亲董世猷是当地哥老会会首，福祥从小没有很好读书，而常出没于帮会、赌场，并谈兵习武，广交江湖侠义之士。

同治初，西北回族人民掀起大规模反清斗争以后，董福祥利用父亲的社会关系，乘机自立山堂，组织汉民民团，"以保卫桑梓为己任"，对抗官军，支援回民军的斗争。同治三年（1864）五月以后，陇东地区各股民团推举董福祥为团总，拥众数万人马，以安化（今甘肃庆阳）一带作为根据地。他提出"反清抗暴，保卫家乡，有饭同吃，有难同受，有福同享，有祸同当"的口号，与回民军达成协议，互相配合，共同与清军作战，成为陕甘交界地区一支势力强大的汉族反清武装集团。

我爱宁夏

董福祥的武装后在陕北被左宗棠部刘松山击败，投降清军，所部改编为董字三营，先后从刘松山、刘锦棠镇压陕西、甘肃、西宁（今属青海）等处回民起义，升为提督。1875年（光绪元年），又随刘锦棠进兵新疆，以收复乌鲁木齐等地及平定南疆阿古柏骚乱有功，得左宗棠赏识。1890年，擢喀什噶尔提督。1895年，率部至甘肃镇压回民起义。后调甘肃提督。1897年，奉调防卫京师，所部编为荣禄所辖武卫后军，后得慈禧太后赏识，逐渐成为"两宫"信赖而权倾一时的朝廷重臣和柱石，享有在"紫禁城内骑马"和"穿貂嗉褂"的特权和殊荣，成为中国近代史上最显赫的人物之一。

1900年，义和团运动迅速发展，清廷采取"招抚"策略。董福祥部士兵纷纷加入义和团，杀死日本驻华使馆书记官杉山彬，并参与围攻东交民巷使馆。但是，八国联军终于打败了中国的军队，于8月13日攻至北京城下。在这种非常时刻，京城内外神机、虎神和各地勤王之师"约六七万人，皆已散灭无踪"，唯董福祥率甘军和部分义和团舍命与外国侵略军顽强血战。在北京失陷前的一分钟，董福祥的甘军还在东直门、朝阳门一带与联军肉搏，直到京城完全失守后，甘军才从彰义门撤出北京。八国联军侵占北京时，董福祥率军护卫慈禧太后和光绪帝西逃。清政府与八国联军议和过程中，外国侵略者要求处死董福祥，清廷不允，旋被解职，禁锢家中。1908年病死于甘肃金积堡（今属宁夏吴忠），归葬于固原州南乡十里墩官山。

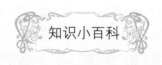

知识小百科

董　府

董府是清末著名将领甘肃提督董福祥的府邸，位于宁夏回族自治区吴忠市。该府西临黄河，北倚秦渠，南与牛首山遥遥相望。整体建筑有内寨、外寨、护府河和主体建筑群落四部分组成，现仅存内寨和主体建筑。

内寨建筑布局为"三宫六院"，是北京宫廷建筑与宁夏地方民族特色的结合物，表现了我国唐代以来传统格局以中院为中轴线的左右对称布局。内寨大门向东，表示主人虽被革职，但心仍向清廷。其中以中院最为气派宏伟，做工精湛，这个二层楼的中院均为大屋顶飞檐，砖木结构，采用平座斗拱。楼顶覆盖琉璃瓦，墙壁为雕砖，磨砖对缝，雕梁画栋，显得分外肃穆、幽静而又大方。整个"三宫六院"，正放在内寨的中央。四面距内寨墙都有十几米宽的走道，尤其以东大门的寨墙与中院前院门之间的距离为最宽。西寨墙根还建有私塾三间（已毁），是董家子孙们读书之所。

2006年5月，董府作为清代古建筑，被国务院批准列入第六批全国重点文物保护单位名单。

＜董府旧址

第七节　宁夏早期企业家——郑万福

郑万福（1864—1936），宁夏早期民营企业家，字海峰，原籍山西省榆次县，后落户宁夏，称为第二故乡。郑万福出生于贫苦农民家庭，自幼

我爱宁夏

随父亲走西口，先在内蒙古鄂托史旗、包头和磴口一带打工谋生，从精工渐渐上升到商号柜台售货员和记账先生。光绪二十七年（1901），郑万福的舅父张嘉荣在宁夏石嘴山十大洋行的英商仁记洋行主持业务时，把他召来做"司秤"，很快又提升做管账兼跑"外柜"。民国二年（1913），他自己受到另一家英商新泰兴洋行聘请，担任该行外庄老板，掌握了购销大权，跻身于洋买办白领阶层。

当时新旧军阀连年混战，时局动荡，洋行业务大受冲击。到民国十二年（1923）时，石嘴山洋行仅剩下的英资仁纪、新泰兴、平和三家大洋行也坚持不下去而撤离。三洋行天津总行作出决定，特委郑万福和另一刘姓老板，全权充当洋行的代理人，负责三洋行的收尾业务，郑万福通过接管洋行的结尾清欠工作，从中获取了大笔财产，成为一个名副其实的暴发户，这为他以后自己举办实业铺平了道路，奠定了雄厚的经济基础。

郑万福于民国5年至6年（1916、1917）在石嘴山镇（今宁夏石嘴山市惠农区）大兴土木，建造占地六千多平方米的私人宅院，取名为"德荣堂"，石嘴山便成为郑氏产业的总部所在地，郑亦以石嘴山为桑梓。

郑氏产业有：

1. 办牧场。在鄂托克旗、布音高、太音高和铁格素等地先后兴办牧场多处，饲养大量牛、马、驼、羊。仅羊一种每年存栏多达七八千只。

2. 开垦荒地。石嘴山黄河段东岸蒙地巴音陶亥一带有大量无主荒地。他在黄河岸边修建水库和灌溉设施，选择近河宜农荒地开垦种植。还在大后套（杭锦后旗）地方选择沃土，大规模连片开垦荒地，每片约为二十五顷。郑家所开垦的荒地总面积约万亩，每年产粮食一项约五千石。

3. 经营碱湖。在鄂托克旗，他从蒙古王爷手中承包左旗察汗淖、纳林淖两片碱湖，成立"大兴碱业公司"，加工土碱销售，年销售量高达300万～400万斤，年收入约四五万元。

4. 开办煤窑。在石嘴子北、汝箕沟、大峰沟等处开办多处煤窑，不仅满足郑家碱场熬制土碱所需要的燃料，还大量向社会供应，收入颇丰。

郑万福成为二三十年代宁夏地区著名的实业家，也做了不少公益事业。如1932年，他出资白银数千两，在惠农渠尾梢新修拦水渠一道，增灌荒地四千多亩，解决当地二百多户农民的生产、生活用水；1931年还在自己的郑家大院独资创办高等小学一所，推行新式教育，开设国文、历史、英语、地理等新课程。同时也对国立石嘴山小学给予资助。至于对境内的清真寺、寺庙建筑和施放救济等慈善事业也是有求必应，慷慨解囊。

1926年前后，冯玉祥部宣布参加北伐，在"入甘援陕"的军事行动中，石嘴山一隅之地成为冯军入甘赴陕的必经之地。郑把自己宅院的一部分让给冯军作为后勤供应站。大部队过往此地，他都尽力购办粮草、蔬菜等，并设法为官兵们安排好住宿，给予冯军很多支持。冯玉祥本人于1926年11月22日率总部路经石嘴山时，郑万福亲自恭迎，并款待冯等住在自己家中。冯玉祥在所著《我的生活》中对此事作了记载，夸奖"这位郑先生颇受地方人士爱戴，办了许多公益事业，乐善不倦，绝非那种为富不仁者可比，所以很佩服"。冯玉祥还特别委任郑万福为"国民军联军总司令部参议"。宁夏省建立之后，历届省政府都委任他为省政府参议。当地百姓尊称他为"郑参议"。1936年2月，病故于家中。

我爱宁夏

第五章

回族特色的民俗风情

　　回族把茶作为待客的佳品，每当节日或举行婚礼时，主人会热情地先给您递上碗茶，端上些油香、点心、干果，让您下茶。茶，是连接友谊的纽带，其他民族兄弟到回族人家里作客，会深深地感到，回族兄弟好客大方，茶香，情更浓。

∧ 极具生活气息的宁夏山花儿

第一节 节日习俗

一、开斋节

开斋节是伊斯兰教节日，在伊斯兰教历十月一日。中国新疆地区称肉孜（波斯语，意为斋戒）节。按伊斯兰教法规定，伊斯兰教历每年九月为斋戒月。凡成年健康的穆斯林都应全月封斋，即每日从拂晓前至日落，禁止饮食。封斋第 29 日傍晚如见新月，次日即为开斋节；如不见，则再封斋一日，第二日为开斋节，庆祝一个月的斋功圆满完成。开斋节这天，穆斯林前往清真寺参加会礼，听伊玛目宣讲教义。教法还规定在节日进行下列七件事是可嘉行为：1.拂晓即吃食物，以示开斋；2.刷牙；3.沐浴；4.点香；5.穿洁美服装；6.会礼前交"费特尔"（开斋施舍）；7.低声诵念赞主词。

开斋节上回族儿童高兴地吃冰糖葫芦。>

回族特色的民俗风情

二、古尔邦节

古尔邦节是伊斯兰教节日，亦称宰牲节、忠孝节，定于伊斯兰教历十二月十日。穆斯林举行会礼，宰牲献主，是伊斯兰教朝觐仪式之一。

在中国，古尔邦节已成为信仰伊斯兰教的回族、维吾尔族、哈萨克族、东乡族、柯尔克孜族、撒拉族、塔吉克族、乌孜别克族、保安族、塔塔尔族共同的民族节日。节日里，除了炸油香、馓子、会礼外，条件好的人家还要宰牛、羊、骆驼等。一般是每人宰一只羊，七人合宰一头牛或一峰骆驼。吃完肉后，一定要用黄土把骨头覆盖埋掉。有的回族家庭会在这一天请阿訇去给已故的先人走坟，并到家里念经、炸油香，也会将做好的食物馈赠亲友。新疆等地的回族在节日这一天还会举行热闹的歌舞、文艺表演等娱乐活动，使节日更加热闹。

知识小百科

油 香

油香，俗称油饼，是回族人民的传统食品，每逢开斋节、古尔邦节、圣纪节，家家都要煎炸油香，除了自己食用以外，还要相互赠送，有的家里过节纪念亡人，

< 油香

有了红白喜事，也要炸油香以表示尊祖继俗。油香有普通油香、糖油香、肉油香三种，有的地方把油香叫"香气"、"香香锅"。油香被信仰伊斯兰教的民族看作象征真诚信仰的美食。现在回族穆斯林把油香作为礼品，馈赠给亲友或阿訇。"油香"现已成为团结、友谊、幸福的象征，成了回族穆斯林传统的圣洁食品。

第二节　古朴的民间艺术

一、山花儿

山花儿俗称干花儿、山曲子、野花儿，广泛流传于宁夏南部山区回族人口较为密集的固原市、海原县、西吉县、泾源县、彭阳县、隆德县、同心县一带。宁夏回族山花儿的构造和唱词与河州花儿很相似，但是其曲调富有宁夏回族音乐和方言特征。复合性、多元性是山花儿的文化特质，也使这种山歌更多地呈现过渡文化和边缘文化的特征。广泛传唱的山花儿有着广泛的群众基础和丰富的民俗文化内涵，2006 年宁夏回族山花儿入选首批国家级非物质文化遗产名录。

山花儿风格独特，乡土气息浓郁，保持了山歌野曲粗犷的特点，又具有流畅优美的小调韵味倾向。在继承古陇山民歌"三句一叠"的基础上，多以单套短歌的形式即兴填词演唱。曲调继承古陇山徒歌四声、五声征调特征，吸收信天游、爬山调、洮岷花儿、河湟花儿以及伊斯兰音调的多种因素，多用五声音阶式迂回进行，逐渐演变成为曲式、调性、旋法、节奏

< 宁夏花儿表演

多样，风格独特的花儿歌种。代表曲目有《黄河岸上牛喝水》、《花儿本是心上的话》等。

知识小百科

宁夏花儿

　　"花儿"又称"少年"，是流传在甘肃、宁夏、青海、新疆回族地区的一种民歌，实际上是一种高腔山歌。在"花儿"对唱中，男方称女方为"花儿"，女方称男方为"少年"，这种对人的昵称逐渐成为回族山歌的名称，亦统称为"花儿"。流行于宁夏地区的"花儿"有"山花儿"和"河湟花儿"两种。其中，山花儿又称干花儿，以流行于南部山区和同心回族的聚居地区为主，除几种主调外有较多的变体；河湟花儿则主要在回族聚居区流传，深入劳动人民群众，为人们喜闻乐道，其骨干曲调有数十种，并带有众多变体。

我爱宁夏

二、宴席曲

　　我国西北地区的甘肃、青海、宁夏、新疆的回族一般把举行婚礼或办喜事称做"宴席"，把参加婚礼叫做"吃宴席"，把在婚礼上演唱的曲调叫"宴席曲"。这是一种具有浓郁民族特色的民间说唱艺术。

　　宴席曲有独唱、对唱、合唱，演唱时歌声此起彼伏，增加了婚礼的喜庆气氛。如有一首宴席曲这样唱道：

　　　　　　恭喜、恭喜、大恭喜，

　　　　　　欢欢乐乐地来恭喜。

　　　　　　亲戚好友都来齐，

　　　　　　送主人一段宴席曲。

　　　　　　唱不好了甭着气，

　　　　　　宴席伙伙里要和气。

　　宁夏回族宴席曲有叙事，也有抒情，内容丰富多彩。不仅有歌唱爱情、婚姻，表现情感的作品，也有歌唱历史故事、反映史实的作品，如《杨家

回族宴席曲——白鹦哥 >

　　　　　　　　　　　　　　　　　　　　　　　回族特色的民俗风情

将》、《孟姜女》、《高大人领兵上口外》等。宴席曲往往模拟动物姿势、劳动姿势和拳术姿势。《白鹦哥》是最具代表性的宴席曲，深受回族群众的欢迎。

宴席曲曲调优美流畅，代表作有《十里亭》、《五更月》、《白娘子》、《红黄凤凰》等。

三、宁夏民间说唱

1. 宁夏小曲

宁夏小曲，民间称小曲子。流行于宁夏银川、永宁、贺兰、中宁、同心、平罗、惠农等地。其形成年代不详，方志上无文字记载。据老艺人的回忆，清朝中后期宁夏境内已有民间小曲艺人活动。清光绪年间，宁夏小曲的演唱广为流行。此时期，小曲的卖唱艺人也渐多起来，银川、永宁、吴忠、石嘴山等地已有卖唱班社，这些班社对宁夏小曲的传承起到了重要作用。

20世纪30年代，小曲艺人王有在陕甘宁边区的宁夏盐池等地行艺。今银川市内还活跃着小曲艺人张有贵、夏花花等。宁夏小曲传承方式有家传、师传、自学几种。其表演形式通常是：唱小段子时，一人手拿梆子击节站唱，另一人操三弦弹奏；若演唱篇幅较长的曲目时，则采取二人坐唱，即一人弹三弦或拉胡琴伴奏主唱，另一人持简板、梆子等击节帮腔。其演唱曲目十分丰富，如《马仲英打宁夏》、《孙殿英打宁夏》、《抓匪小调》、《马家抓兵》、《拨兵小曲》、《珍珠倒卷帘》、《红军打宁夏》、《烟花女》、《童养媳》、《小女婿》等，这些为研究宁夏民俗、宁夏历史提供了丰富的素材。

宁夏小曲以抒情、叙事见长，各族人民在日常劳动生活中，把自己的欢乐、痛苦、希望、憧憬寄托于歌中，形成了清唱小曲，借歌抒情，自唱自娱为主的传唱特点。在长期传唱中，有些曲调逐渐曲牌化，文词逐渐格式化，形成了"专曲专用"、"一曲多用"、"依谱填词"、"转换填词"

等发展变化。因而除了自娱性的传唱方式外，又发展成为一种城乡各阶层人民喜闻乐见的丝弦小曲演唱形式。

2. 宁夏坐唱

宁夏坐唱是唯一一种还活跃在文艺舞台上的地方曲艺曲种。它源于宁夏小曲的坐唱表演形式，又称"银川说书"，流行于宁夏银川、永宁、贺兰、中宁、同心、平罗、惠农等地。宁夏坐唱吸收了宁夏小曲的许多曲调。1979年后，银川民间艺人闫禄与银川市曲艺队专业演员徐明智、张茂起、赵杰等人重新开始对宁夏曲艺进行挖掘整理、兼收并蓄、推陈出新，吸收宁夏小曲的许多曲调，借鉴"宝卷"、"宁夏小曲"、"银川说书"等长期流传的一些民间曲艺形式，改编和创作了一批作品，将这个推陈出新的曲种称为"宁夏坐唱"。

宁夏坐唱采用说唱性较强的民间俗曲作基本唱调，如"说书调"、"数花调"、"莲花落"、"数板调"、"打宁夏"、"太平年"、"喜新年"、"织手巾"、"十劝郎"等。表演时为二人合演，为坐姿，一人操三弦伴奏边说边唱，为主要表演者。另一人左手执渔鼓和撞铃，右手击打渔鼓帮腔。二人分角摹声，表演时形成了一定的逗哏与捧哏关系。伴舞者以响板

宁夏坐唱 >

　　　　　　　　　　　　　　　回族特色的民俗风情

及其它乐器配衬。伴奏讲究以唱腔为基础，用传统的托、包、带、垫等手法，根据唱腔情绪需要，起立表演，该简则简，该繁则繁，装饰加花，包腔衬垫，使得说唱和伴奏、演艺水乳交融，相得益彰。击节者一般龙须板每拍一击，渔鼓击强拍或每拍一击，在情绪变化时渔鼓还用闪板表演或加花等节奏形成对比变化。

宁夏坐唱的曲调粗犷奔放，高亢昂扬；旋律节奏明快，朴实流畅，富有浓郁的民族色彩。其主要曲牌有："宁夏川"、"风搅雪"、"数唱"、"马兰花等"。宁夏坐唱长于表现歌颂叙事的主题，亦有讽刺、揭露的小段，其表演形式灵活多样，语言风趣幽默、生动形象。代表剧目有《百字经》、《塞上古城看新貌》、《鱼奶奶回家来》等。

第三节　多姿的民族文化

一、回族服饰文化

回族的服饰，根据性别形成了男女服饰，且男女服饰区别很大；根据年龄形成幼儿服饰、成年服饰和老年服饰，妇女的年龄服饰更清楚，有未婚服饰、已婚中年服饰和已婚老年服饰；根据地区和季节、职业又形成不同的服饰。

男子戴的无檐小白帽，亦称"顶帽"、"孝帽"、"回回帽"或"礼拜帽"，意为回族的号头和标志。

回族服饰 >

坎肩是回族男子服饰的一个重要组成部分，表现了回族简朴、大方的民族特点。回族男女都爱穿坎肩，特别是回族男子喜欢在雪白的衬衫上套一件适体的对襟青坎肩，黑白对比鲜明，清新、干净、文雅。

回族妇女的衣着也是很有特点的，一般都头戴白圆撮口帽或戴盖头（也叫搭盖头）。回民的盖头，一般都是绿、青、白三种颜色，有少女、媳妇、老人之分。一般少女戴绿色的，已婚妇人戴黑色的，有了孙子的或上了年纪的老年妇女戴白色的。

回族妇女的传统衣服样式比较单一，一般都是大襟衣服，但装饰内容却比较丰富。少女和媳妇很喜欢在衣服上嵌线、镶色、滚边等，有的还在衣服的前胸、前襟处绣花，色彩鲜艳，形象逼真，起到画龙点睛的作用。回族女装都是右边扣扣子，纽子是自己用料子制作的。回族女子喜欢在鞋头上绣花。袜子主要讲究通跟和袜底，遛跟袜大都绣花，袜底多制成各种几何图案，也有绣花的。

回族妇女衣服的颜色不妖艳，一般老年人多着黑、蓝、灰等几种颜色；中、青年喜欢穿鲜亮的，如绿、蓝、红；农村青年喜欢穿红上衣，绿裤子；

回族特色的民俗风情

城市里的回族女青年则喜欢穿苹果绿、翠蓝、天蓝、水红、粉红和藕荷色的衣服等。

回族男子还喜欢随身佩带一把小刀，俗称腰刀。回民挂腰刀，一是为了装饰，二是为了随时宰牲、救牲。这种习俗与唐代杜环记载的阿拉伯人"系银带，佩腰刀"的习俗是一样的，是从阿拉伯传入我国回族人民当中的，后来逐渐成为回族人民的习惯。

二、回族建筑

回民房屋建筑均为土木结构的瓦房，间数多少和质量优劣，根据各家人口与经济而有所差异。现多以长三间的正房为基本住房，左右两边增设厢房，围墙。正房三间，长 3.6 丈，进深（宽）1.2 丈，正中一间前方设五尺空地，称院窝，左右两房称为耳房，用围墙相连，正房、厢房、围墙组成合院天井，寨中各户居住相对独立。室内装修，楼枕檩子分别为七棵和九棵，习惯多使用单数。第二层楼用薄土覆盖，室内暖和。黑石一带，木材方便，土墙内又用木板装饰，修成板壁房，耳间底层栅成地板，居住更为舒适。设院窝的正房为堂屋，为厨房兼客厅，是一家生活的中心，后房

< 南关清真寺

我爱宁夏

摆设碗框、电器等，正墙上喜帖（挂）阿文楹联。火塘通常镶在进门的左侧或右侧，以煤为燃料，室内清洁。耳房及楼上分别为家人卧室或存放物品，厢房作牛羊圈和放农用工具等。

清真寺又称"礼拜寺"，基本上建在回族聚居区，体现了回族人"围寺而居"的特点。清真寺是回族穆斯林举行礼拜和宗教活动的场所，有的还负有传播宗教知识、培养宗教职业者的使命。清真寺在回族穆斯林心目中有着重要位置，亦是回族建筑艺术的代表。

三、回族武术

清代乾隆皇帝曾说："中土回人，性多拳勇，哈其大族，每出将种。"解放前，由于社会不安定，宁夏回族人民为了健身自卫，学拳练武的人比较普遍。民间有一句谚语说："学得一身武，走遍天下无人堵。"除了强身健体之外，还用它来保护自己。

在清末民初年间，西吉出现了威振纲、陈保富两位弛名西北的拳师。人们说："威振纲的链枷棍神仙难躲，陈保富的鬼头刀万夫莫当。"流传

回族武术表演 >

　　　　　　　　　　　回族特色的民俗风情

于吴忠、灵武一带民间的有张家枪、何家棍、马家软功和固原等地的"回回十八肘"等。另外，六合拳、梅花棍、母子棍、链枷棍、三尺鞭、花剑、十路弹腿等也广为流传。银川的马鸿、海原县的马振武、西吉县的于子祥、固原的居奎等，在民国时期颇有声威。

建国后，老拳师们有了真正的用武之地，为宁夏回族的体育事业做出了贡献。1959年第一届全国运动会中蒋鸿燕获表演二等奖。1964年在山东省举行的第三届全运会上，王新武荣获太极拳第一名。1979年和1980年，在广西南宁和山西太原举行的全国武术观摩会上，马振武的"罗汉拳"分别荣获表演一等奖和优胜奖。1984年10月到1985年2月，宁夏开展了武术普查和挖掘整理工作，给一些老拳师录了像，挖掘抢救了80岁以上的老拳师掌握的具有回族特色的稀世拳种。在这次挖掘中，90岁高龄的于子祥老阿訇和89岁的回族老拳师居奎把自己的穆斯林八卦太极拳、鱼尾剑、回回十八肘和穆圣拳、穆林拳全部贡献了出来。这些拳大都有"都哇依式"、"汤瓶式"等穆斯林生活习惯特点。

四、回族的饮茶文化

回族人普遍都有喜好饮茶的习惯，一些懂茶道的回族人很会品茶，认为如果茶香而不清则是一般的茶，香而不甜是苦茶，甜而不活也不能称之为上等茶，只有鲜、爽、活的茶才是最好的茶。回族把茶作为待客的佳品，每当节日或举行婚礼等家里来客人时，主人会热情地给您先递上碗茶，端上些油香、点心、干果一类，让您下茶。

回族泡茶，须用滚烫的开水冲一下碗，然后放入茶料盛水加盖，沁茶的时间约为二至三分钟。敬茶也有良好的礼节，即当着客人的面，将碗盖揭开，将碗里放入茶料，然后盛水加盖，双手捧送。这样做，一方面是表示这盅茶不是别人喝过的余茶，另一方面是表示对客人的尊敬。如果家里

我爱宁夏

八宝盖碗茶 >

来的客人较多，主人根据客人的年龄辈分和身份，分出主次，把茶先捧给主客。

　　回族喝盖碗茶也很讲究，不能拿掉上面的盖子，也不能用嘴吹漂在上面的核蒂，而是用盖子刮几下，一刮甜，二刮香，三刮茶卤变清汤。每刮一次后，把盖子盖得有点倾斜度，用嘴吸着喝。不能端起茶盅接连吞饮，也不能对着杯盏喘气饮呕，要一口一口地慢饮。主人倒茶后，客人一口不喝，会被当做对主人不礼貌、不尊重的表现。

　　在喝茶中，如果喝完一盅还想喝，就不要把茶底喝净，要留点，这样主人会给您继续倒水。如果已经喝够了，就把茶盅的水全部喝干，用手把碗口捂一下，或从碗中捞出一颗大红枣放到嘴里，表示已喝够了，主人也就再不谦让倒茶了。

　　茶，是连接友谊的纽带，其他民族兄弟到回族家里作客，会深深地感到，回族兄弟好客大方。茶香，情更浓。

　　　　　　　　　　　　　　　　　　　回族特色的民俗风情

回族的饮茶民俗有以下两个特点：一是回族十分重视饮茶的保健功效。回族在长期的生活实践中，借鉴、吸收、发展并总结形成了本民族的饮茶养生之道。据调查，一些百岁回族老人长寿的奥妙之一，就是十分注意配制不同的茶水饮用。值得重视的是，回族在饮"八宝盖碗茶"中深深体会到，它能驱寒健胃，提气补脾，明目清心，延年益寿。如"八宝盖碗茶"中，有好几种配料都是健脑健身的食物。实践证明，回族的"八宝盖碗茶"注重科学配方，是良好的养生食品之一。二是回族喜欢饮糖茶，这是回族饮茶习俗中的一个显著特点。回族不论自己平时饮茶，还是待客都要在茶叶中配以白糖或红糖、冰糖、方糖等。如果客人来了不用糖茶招待，视为对客人的不尊重、不热情。近年来，回族人民的生活水平大大提高，饮茶、品茶的习俗越来越盛，同时，为越来越多的兄弟民族所认识、所吸收，对中国的茶文化作出了重要的贡献。

五、宁夏"四大怪"

第一怪——墓葬上渠埫

宁夏平原地区地势低平，村落周围最高的地点一般来说就是经历年整修和加固的沟渠渠埫，于是这里成为墓葬首选之地。墓葬上渠埫虽是一种特定环境下的文化景观，但也在一定程度上契合了风水意思。

第二怪——屋顶平着盖

我国民居素有屋顶"北平南尖"之说，在宁夏全境可谓"北平南陡"，其中"北平"现象在宁夏北部曾经非常典型，从石嘴山到吴忠的交通线两侧，满目可见平屋顶。

早期宁夏的楼房也都盖成平顶，其主要原因是雨水少，无屋顶漏水之虑，其次是最大限度地节约建材。由于屋顶平坦又没有外界干扰，于是成为各家各户最好的晾晒场，夏末秋初，各个屋顶上红的枸杞、辣椒，绿的萝卜干、黄瓜条，黄的玉米粒，黑的茄子干等，构成一幅丰收图景。

第三怪——西瓜泡油饼

把油饼泡在西瓜里，既当饭又当菜，是宁夏人最原生态的吃法。宁夏中北部的沙地上特别适宜种西瓜，产出的西瓜个大沙瓤味甜。油饼则是宁夏本地人喜食的面点。挑大个沙瓤的西瓜，一切两半，把西瓜瓤捣出汁来，再把油饼掰成小块儿泡在里面，一道地方小吃就做成了。

∧ 美丽的回族姑娘

回族特色的民俗风情

第四怪——头巾四季戴

宁夏冬春季气候寒冷，风沙大，包上头巾既保暖又防尘；夏季里太阳特别毒，户外劳作的人们很容易被晒伤，戴上头巾可以起到很好的防护作用；秋季里天空晴朗少云，紫外线强烈，妇女们出外劳动时，戴头巾依旧是必不可少的步骤。改革开放前，宁夏农村妇女的陪嫁物品就少不了头巾一项。

第四节　特色美食

一、回民筵席十大碗

在宁夏农村回民聚居村点，每到结婚喜庆的日子，回民们都要做十大碗来招待宾客。这十大碗筵席以烩为主，有烩九子、烩夹板、烩肚丝、烩羊肉、烩假莲子、烩苹果、烩狗牙豆腐、红炖牛肉、烩酥肉、酿饭。

这桌农村回民筵席，主要用羊肉、牛肉、羊肚、土豆、苹果、豆腐、糯米、鸡蛋，配以菠菜、黄花、木耳、桃仁、圆肉、葡萄干、青梅、红枣、蕨麻、蜂蜜、白糖及各色调味品制成。虽是大众菜肴，但各有各的味道。烩九子：丸子酥烂，汤浓味香；烩夹板：夹板软韧可口，外酥里嫩；烩肚丝：肚丝筋软，香辣适口。烩羊肉：汤鲜、肉烂；烩假莲子：用土豆炸成的假莲子，色黄软嫩，滑润香甜；烩苹果：白汤，金黄的苹果，散见的青红丝，软烂甜香；烩狗牙豆腐：软嫩，汤浓，味鲜，别有滋味；红炖牛肉：肉烂，

我爱宁夏

色红亮，味醇香；烩酥肉；酥脆鲜香；最后一道酿饭，是软糯甜香，果味鲜。吃了农村回民十大碗，你也就领略到宁夏农村回民的饮食特点。

二、羊肉臊子面

臊子面是彭阳民间传统食品，以面白、韧细、汤红、色鲜、味香而闻名。好臊子面的特色是"面好、汤香"，"巧妇"们十分注重面条制作和烩汤。

面好，是指面白净、擀得薄、切得细、有筋骨、不断线。做面条要用优质小麦面粉。调面、擀面、切面是决定面条质量的三关。调面讲究柔韧有筋；擀面要求薄厚均匀，以薄为佳；切面讲究刀法手功，要求细长匀称，两边不连，中间不断。"捞时举其臂而不能终其端，盘于碗而无断"。谚语云："擀的就像纸，节的就像线，下到锅里莲花转，捞到碗里攥不断，客人吃了三大碗，过了七个州，跨了八个县，赞的就是咱的面。"

汤香，是臊子面的主要特色，俗云"吃饭吃汤"，意即指此。臊子汤

羊肉臊子面 >

回族特色的民俗风情

主要用肉、辣椒油、时鲜蔬菜、豆腐及各种调料做成。一般选用好里脊肉，肉要切得细碎均匀，热锅炒炼（炝），随后依次加入辣面、葱、姜、调料以及米醋等。炝汤讲究油温火候，注重调料。炝好的臊子红汤，色浓而味淡，油重而不腻，加上黄花、木耳、蒜苗、豆腐、鸡蛋等，红、黄、绿、白相间，酸、辣、香、甜皆备，看上去色泽鲜艳，闻一闻香气袭人。洁白柔韧的细丝长面配上这样的臊子红汤，看一眼，登时让人食欲大增，吃起来酸辣可口，油而不腻。汤香味美，很受人们的青睐。

　　臊子面汤香味美，经济实惠，是本地的传统风味食品，至今仍是人们待客的佳肴之一。

三、羊杂碎

　　羊杂碎是由羊的心、肝、肺、胃、肠等原料混合烩制的。制作羊杂碎还讲究"三料"、"三汤"、"三味"。

　　"杂碎三料"又分主料和副料，正宗的全羊杂碎之主料（又叫三红）

＜羊杂碎

我爱宁夏

是心、肝、肺，下锅的时候切成碎丁或薄片；三副料（又叫三白）是肠（生油的）、肚（生味的）、头蹄肉（架碗充数的），下锅时要切成细丝和长条。一碗羊杂碎，看的就是主副料全不全。

"杂碎三汤"有如下说法。老百姓居家过日子，买上一副羊的五脏，下锅煮好，连汤带水地热热吃起来，这叫吃"原汤杂碎"，味道体现在鲜美清淡上。怕杂碎有五脏异味的人家是先将洗好的羊杂碎在锅里氽一下，把汤扔掉，再将杂碎蒸熟切好，重新入锅添水放调料煮一下，盛到碗里，这叫吃"清汤杂碎"。由于是蒸熟的，味没入汤，食者味道全从对杂碎的细嚼慢咽中得。街巷铺点、车站、路口小摊上多是新的杂碎时时不断地往一个大锅里续，一锅汤用文火常熬不换，甚至是这锅汤经营者叫卖几年就熬上几年，汤稠如油，色酽如酱，过往食客买上一碗吃，这叫吃"老汤杂碎"。杂碎酥烂绵软，醇美味存于汤，故经营者最不舍多给食客加汤。

"杂碎三味"说起来简单，专卖羊杂碎的餐桌上都有这佐餐三味，即一盘春意葱茏的香菜末儿，一盘红灿灼眼的辣椒面和一盘洁白晶莹的食盐。这是吃羊杂碎万万不能少的的三味调料。食者坐下来，或爱清香爽口，或喜辛辣热麻，或好咸中得味。总之，可根据自己的口味随意添加。

四、炒糊饽

炒糊饽是一道地方著名小吃，流行于吴忠、灵武、银川等地。"糊饽"系一种用烙饼切成似饼条的俗称，又称"糊饽子"。

原料：面粉、碱、羊肉、豆腐、干辣椒、葱、蒜、蒜苗、精盐、味精、葱姜水、花椒水、醋、酱油、植物油。

制法：面粉加碱和成较硬的面团，稍饧后揉匀，再擀成薄饼，放入饼锅中烙至半熟，取出后切成长条。焖炒时，炒勺里放适量植物油，先将羊肉丝煸炒至肉色变白，再依次放进豆腐条、干辣椒片等料和几勺羊肉汤。

<炒糊饽

烧开后，将切好的饼条抖散放进勺内，盖上盖子。焖至饼条熟透，再撒上蒜苗即成。

特点：肉嫩饼爽，微咸稍辣。

五、老毛手抓

宁夏绿色清真食品老毛手抓，是国家认定的"中华名小吃"。老毛手抓沿袭了几十年的祖传秘方，羊肉具有鲜、嫩、香三特色和油而不腻、香醇可口、常吃不厌三特点，羯羊肉、羯羊脖子、羯羊汤还是有益于身心健康的三大补品（能提气补虚、补血益肾、强身健体），因此深受顾客青睐。

要做到这几点，除了有祖传秘方外，在选羊、煮肉、切肉上还有四个讲究：

首先，是选羊。选羊要选八、九个月以上，一岁以下的"羯羊"，既不能太大，也不能太小，体重大约在28斤到30斤之间，这样的肉质才好。羊必须是宁夏本地的。因为本地的滩羊吃的是甘草、山麻黄等，这些草都

我爱宁夏

老毛手抓 >

是中草药，吃了这种草的羊和其它的羊从肉质到羊肉的纤维都有质的区别，这样的羊没有膻味。

其次，是煮肉。煮要经过温火、慢炖、大火爆煅几个工艺过程，在不同的阶段使用不同的调料，然后出锅，这样的肉才香。

再次，是切肉。要用回族特有的刀功切，做到肥瘦相间，不能过肥过瘦，这样切出的肉才好看，吃起来才有味。上盘后，才能色、香、味俱全，趁热食用，才能达到香味扑鼻的效果。

最后，是辅料。吃手抓肉有一句格言："吃肉不吃蒜，味道减一半。"因此蘸上毛家肉馆特制的佐料吃起来会更有滋味。吃完肉再喝毛家特制的八宝茶，则能达到提气、补虚、补血、益肾、壮阳、强身的作用。

六、燕面揉揉

面揉揉是一道民间小吃，开始时仅在固原地区盛行，现在宁夏各地都有制作和供应。燕面即莜麦面（固原人习惯将莜麦称为燕麦），成品吃时口感柔韧有筋，故名。现多用于凉菜上桌。

原料：莜麦、熟韭菜、熟菠菜、蒜苗、精盐、油泼辣椒、油泼蒜泥、

回族特色的民俗风情

< 燕面揉揉

醋、熟植物油。

制法：莜麦用开水浆过后，再放在锅里炒至六七成熟，然后磨成细粉。制作时，将磨好的面用开水和成烫面面团，揉匀后分成剂子，放在床子里挤压成细条直接落在笼屉里，然后用旺火蒸熟即成。吃时，可拌入熟韭菜、熟菠菜、蒜苗丝等配料。

特点：色泽白亮，条细不断，口感柔韧，配料讲究。

七、回族麦芽糖

麦芽糖是宁夏川区回族群众喜食的一种传统风味糖果食品。每逢秋收完后，回族群众便晒好大麦，整理好家具，开始碾米，做糖。这种习惯已有200年的历史。宁夏川区是宁夏大麦的主要产区，为回族群众做糖果提供了有利的条件。他们做的糖果除了自己食用外，还拿到街上出售。到了民国年间，宁夏已有几十家制作麦芽糖的作坊，其中尤以平罗县惠北乡回族群众毛义山、毛义川的最有名气，为"毛家糖坊"。

麦芽糖的做法：

我爱宁夏

首先，大米碾好，晒几小时后与净大麦同放大锅内煮熟，直至水干。然后加适量水煮 3 ~ 5 分钟，立刻倒入大缸中。缸底漏眼要塞严。缸底下挖一大坑，坑内放一空而净的缸，两缸底口对齐，缸口盖严，约 30 分钟左右后，缸内发出"卜咚卜咚"声响后，急抽开缸底漏眼，上缸内不停地流下乳白色的糊汤入坑内缸。

然后，取出糊汤倒入熬锅中，加旺火，不停地反复搅动。待汤糊稠时，用木推子推搅，以防糊锅底。直至糊汤变成乳白色状的糖稀。

最后，将豆面（1 千克）炒熟，和红糖或白糖用开水冲开，和糖稀和在一起，呈大面团状。切成小块，擀成薄张，然后用刀切成各种形状，放凉屋席上冷却。待糖皮稍硬时，即可食用。

这种农家糖吃起来干硬、甜脆、耐嚼，有豆味。它含丰富的蛋白质、脂肪、维生素和钙、磷、铁，常食可消渴除热，补虚化食，止泄宽胸。

八、烩小吃

烩小吃是一道传统著名小吃，宁夏各地均有制作。因为夹板（夹沙）和丸子是小吃的两种主料，故又称烩夹板丸子。

回族特色的民俗风情

<烩小吃

　　制法方法是，羊肉洗净剁成肉泥，拌入鸡蛋、淀粉、葱末、姜末等料制成肉馅，将制好的一半肉馅平抹在鸡蛋皮上，上面再盖一张鸡蛋皮，压实后用刀切成菱形块，下入油锅内炸至呈金黄色捞出（俗称夹板或夹沙）另一半肉馅则用手挤成丸子，也下油锅炸熟。烩制时，炒勺内依次放入羊肉汤和夹板、丸子、菠菜等料，烧开后用淀粉勾薄芡即成。

　　烩小吃的特点是质地软嫩，滋味鲜香。

九、正宗涮羊肉

　　涮羊肉，始于我国东北和西北少数民族地区，最初称"煮羊肉"，是以厚片小块为主。到了南北朝出现了铜制火锅，使用火锅煮羊肉就逐渐发展了。宁夏滩羊不与其它羊类杂交，生活在腾格里沙漠边缘，吃盐碱地里的草长大，因而肉质好驰名于世。特别是滩羊中的羯羊（即小山羊出生一月内阉割，使其长大后食用）。羯羊肉是上乘的佳品，营养丰富，并有滋补功效，吃起来细嫩可口，无腥膻味，当地选用的是滩羊中的羯羊为原料，所以保持了特有的风味和品牌。宁夏的涮羊肉吃起来鲜、嫩、满口生香，没有半点腥膻味。火锅中的汤是中药、羯羊脖子等十几种原料配制而成，味道更加丰美特别。食用方法独特，涮着吃味道十分鲜美。

十、固原羊肉泡馍

　　说起宁夏的风味小吃，北有烩羊杂碎，南有固原山区的牛羊肉泡馍。这是当地回族饮食中的一种饶有情趣的风味小吃，深受群众欢迎。它味道独特，方便实惠，价廉味美，吃者甚多。

　　泡馍大体有两种：一种是用牛羊肉泡，一种是用牛羊的头、蹄、下水来泡，又叫杂羔泡馍。肉泡比较简单，以煮牛羊肉、下水的肉汤，加葱、姜、蒜、辣椒、辣椒油、盐、香菜和味精，红绿白三色相间，热气腾腾，香气四溢，再以之浇灌锅盔饼即成。杂羔泡馍则比较复杂。将牛羊宰杀后，扒出心、肝、肺、肚子及头、蹄、架子骨等"杂羔"，经过反复加工泡制，切成杂碎丝条，将当地特色小吃"锅盔饼"掰成核桃大小的块状，盛放在碗底，在馍的上面抓放一定数量的杂碎丝条，再以汤浇灌。

　　泡馍价格低廉，几元钱便可饱餐一顿，老少皆宜。除此之外，泡馍又

固原羊肉泡馍 >

　　　　　　　　　　　　　　　　　回族特色的民俗风情

被称为"十全大补"。有个说法是吃啥补啥，而泡馍正好包容了五脏六腑等主要器官。固原的街头巷尾，泡馍小滩、饭馆比比皆是，在农贸市场更是集中。香味四溢的泡馍锅炉子周边围着一帮帮食客，一块块白里透黄的锅盔泡在碗里，摊主反复浇灌，一碗碗美味十足的泡馍汤鲜肉嫩，诱人食欲。吃上一碗，真是又解饿又解馋。

十一、回乡馓子

馓子这道油炸面食据传有一千多年的历史。宋代文豪苏东坡诗赞它为"纤手搓来玉色匀，碧油煎出嫩黄深"。把馓子的色香味概括无余。吴忠回族擅长炸制馓子，并且十分钟爱这种美食。每逢开斋节、古而邦节等民族节日，回族家庭都炸馓子招待客人，馈赠邻里。制作方法是：将精面粉加入盐水揉和，反复揉压后，搓成粗条，抹上食用油放入盆中醒面。待油锅热时，将面条制成环状，入油锅炸至金黄色，捞出凉干即可食用。特点是造型优美，香脆可口。

< 回乡馓子

我爱宁夏

第六章

塞上江南风景异

悠久的历史、多样的地貌、特有的民俗，构成了宁夏丰富多彩的旅游资源：绵延不绝的贺兰山、六盘山，奔腾不息的九曲黄河，浩瀚无垠的沙漠和草原，有东方金字塔之称的西夏王陵，中国四大石窟之一的须弥山石窟，以及独具特色的回族风情。

∧ 西夏王陵

第一节 自然景观

一、沙湖

"湖水如海，柔沙似绸，天水一色，苇丛若画"，这就是南距银川市56公里的沙湖。沙湖是一处融江南水乡与大漠风光为一体的著名景区，被称为"塞上江南"。

沙湖碧波万顷，茂盛的芦苇如小岛般散落在湖面上，这里栖居着白鹤、黑鹤、天鹅等十数种珍鸟奇禽，你可在观鸟塔上遥看群鸟嬉戏的场景。在水边苇杆间、芦丛底部更有鸟巢无数，每年春季，五颜六色的鸟蛋散布其间，可称得上是大自然中的一处奇观。

沙湖 >

塞上江南风景异

<sＣ沙漠风光

　　沙湖南端一望无际的沙漠给人以豪放、博大的感觉，训练有素的沙漠
之舟——骆驼载人进入大漠深处，阵阵悠扬的驼铃声清脆地在空中回荡，
使人心神荡漾，如醉如痴。在这里，可以领略大自然的神奇，寻找前所未
有的刺激和新奇。

　　沙湖是鸟的天堂，670多公顷水面，随处可见碧澈湖水鱼群潜流，水
鸟翻飞遮天蔽日。碧水蓝天，黄河绿苇与数十种珍鸟奇禽、珍稀鱼种完美
依存，构成了北疆大漠中清纯秀美的"江南水乡"奇景。游人可以在观鸟
塔上遥看群鸟嬉戏。白鹤、黑鹤、天鹅等几十种鸟类、数万只在这里栖居。
有时像移动的乌云在天空左右盘旋，遮天蔽日。每年4～6月的孵化期或
9～10月的繁衍期，是沙湖观鸟的最佳时间，这期间鸟类数量最多时可达
百万。

　　湖里常年生长着十多种鱼，不仅有鲤、鳙、鲢、鲩、鲫，而且有北方
罕见的武昌鱼、娃娃鱼和体围1米多的大鳖。在沙湖餐馆里，专门设有鱼宴。
刚出水二三十斤的鳙鱼上席，鲜嫩可口，既饱口福，又饱眼福。游客如有
兴趣，亦可亲自钓鱼、捕鱼。

二、沙坡头

　　沙坡头旅游区位于中卫县城西20公里处，北接浩瀚无垠的腾格里沙漠，南抵香山，东邻中卫经济开发区，西达黄河黑山峡。包兰铁路、石营公路横跨东西，区域辽阔，景观优美，交通便利。

　　沙坡头古时称沙陀，元代称沙山，清乾隆年间因在黄河北岸形成了一个宽约2000多米，高约200多米的大沙堤而得名沙陀头，讹音为沙坡头。沙坡倾斜60度，高大的沙山悬若飞瀑，游人滑沙如从天降。由于特殊的地理环境和地质结构，人在沙坡顶上顺坡下滑，沙坡内便发出"嗡、嗡"的轰鸣声，犹如金钟长鸣，悠扬宏亮，故称"沙坡鸣钟"，是中国三大响沙之一。

　　沙坡底下有三眼清泉，经年累月，源源不断，汇入东南沙坡下的果园内，被当地人称为"泪泉"，民间还流传着泪泉的传说。这片园林古时称"蕃王园"，同林东边有"桂王陵"，桂王陵碑文依稀可辨，大概为明代遗址，如今叫"童家园子"，因曾经为童姓人家居住而得名。园林面积不大，但

沙坡头风景区 >

　　　　　　　　　　　　　　　　　　　　　塞上江南风景异

避风向阳，林木茂盛，溪流潺潺，鸟语花香，被游人誉为"沙海绿洲"。绿洲南临黄河，奔腾的黄河自黑山峡至沙坡头，一路穿峡越谷，九弯八折，在沙坡头形成"几"字形大弯，似天工巧陈，缔造出了沙坡头胜景。

旅游区黄河南岸的半岛上，由北至南分布着湿地、梯田、荒漠、低山，远远望去阡陌纵横，景观层次分明；黄河人家淳朴、宁静、鸡犬相闻，是现代都市人放飞身心的绝好去处；半岛西南有"双狮山"雄踞河畔；再往南，绵延不断的香山山脉（贺兰山余脉）似一道屏障呵护着母亲河，呵护着沙坡头。

在"沙坡鸣钟"北部，世界第一条沙漠铁路——包兰铁路穿越沙海，畅通无阻，形成人间奇观，这里有为防风固沙保护铁路而建立的"五带一体"防风固沙体系。堪称世界一流的治沙工程——麦草方格沙障，在铁路两侧形成绵延几十千米的绿色屏障，被称为"沙岭笼翠"，是中卫八景之一。

沙坡头集大漠、黄河、绿洲、高山于一处，悠久的黄河文化和自然地域的过渡性、多样性，使北国的雄浑与江南的秀美和谐地交织于这里。据考证，沙坡头是唐代大诗人王维写下"大漠孤烟直，长河落日圆"千古绝唱的地方。沙坡头融自然景观、人文景观、治沙成果于一体，被世人称为"世界垄断性旅游资源"、"世界沙都"。为此，1994年沙坡头被列为国家级沙漠生态自然保护区，被联合国授予"全球环境保护500佳单位"称号，2003年被国家旅游局评为全国首批4A级旅游区，成为驰名中外的旅游胜地。

知识小百科

羊皮筏

　　羊皮筏是黄河上一种古老的水上交通工具，俗称"排子"。因它由若干个（一般是13个）充气的羊皮气囊（当地人称"浑脱"）分三排捆扎在纵横交织的木杆上制成。皮筏可大可小，大筏用数十个羊皮气囊，也有由几个、十几个小筏联成的。羊皮筏不仅制作简单，操作灵活，搬运轻便，而且吃水线仅十几厘米，不怕搁浅，随时可以靠岸。它最大的优点是不怕触礁碰撞，安全性能极好。旅游用的羊皮筏，不仅充分利用了民间皮筏的所有优点，而且根据需要，专门制作了4米见方的大筏，更稳更平，也便于游客在上面活动。

羊皮筏 >

三、马兰花大草原

马兰花大草原位于著名的鄂尔多斯台地的边缘，距陶乐县城南37公里，银川市43公里，是鄂尔多斯台地的一部分，草原面积10万余亩。每年的四五月份，辽阔的马兰花大草原草长莺飞、鸟语花香。马兰草一簇簇、一片片，染绿了茫茫戈壁，朵朵紫色的花朵随风摇曳、争奇斗艳。放眼望去，一片片紫色的花海。蓝天、白云、沙滩、鲜花，勾勒出一幅人间美景。观赏马兰花大草原的奇特美景，是一种人间少有的享受。

塞上江南风景异

<马兰花大草原

马兰花属兰花的一个品系，是多年生草本植物，不仅有观赏价值，而且茎叶可以造纸，根可制刷子，可以说全身是宝。相传，马兰花是天宫仙女送给人间的快乐花，以其朴素纯洁的风格倍受人们青睐。夏秋季节，牧草丰茂，牛羊肥壮，正是大草原风光最美的时节。从2000年开始，每年"五·一"都举办"中国·宁夏陶乐马兰花生态观光旅游节"。

四、六盘山国家森林公园

六盘山地处宁夏南部，主峰在宁夏固原、隆德两县境内，海拔2928米，是陕北黄土高原和陇西黄土高原的界山，及渭河与泾河的分水岭，曲折险峻。古代盘道六重始达山顶，故名。山的东南隅有老龙潭胜迹，为泾水源头之一。

这里是古丝绸之路东段北道必经之地，是历代兵家屯兵用武的要塞重镇，也是北方游牧文化与中原文化的结合部。文化遗存具有"古"、"贵"、

六盘山国家森林公园 >

"多"的特点。六盘山是回族聚居区，穆斯林独特的民族风情更为旅游增添了一道风景线，使六盘山成为一座天然博物馆和民俗风情园。

六盘山是西北重要的水源涵养林基地和风景名胜区，山峦险峻、森林茂密、流泉飞瀑、气候舒爽，是西北重要的"绿岛"和"湿岛"。有丰富的动物和昆虫资源，如金钱豹、林麝、金雕、红腹锦鸡等国家珍稀动物三十多种，六盘关寨、民俗村、长征纪念馆等景点，是旅游、休闲度假、探险、漂流、科考的理想之地。

六盘山人民纯朴敦厚，古风犹存。六盘山下杨家店正建造民俗村。民俗村小桥流水，阡陌连横，牛耕于田，鸡鸣于道，茅舍土屋，炊烟袅袅，石碾、石臼、水磨、油坊、乡枕麻帐、火炕草席、"粗"茶"淡"饭，意在传承民族民俗文化，抢救民间艺术珍奇。村房建民俗展览室，陈列民间工艺美术品、剪纸、字画、塑雕，表现隆德丰厚的文化底蕴。

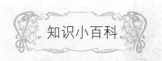

知识小百科

六盘山红军长征纪念馆

六盘山红军长征纪念馆位于隆德一侧六盘山主峰之上，是为纪念红军长征翻越六盘山及长征胜利70周年而建的红色旅游景点。整体建筑由纪念馆、纪念碑、纪念

塞上江南风景异

广场、纪念亭、吟诗台五部分组成。其中纪念馆面积2159平方米，由"红军不怕远征难"、"红旗漫卷西风"、"三军过后尽开颜""不到长城非好汉"四部分组成。纪念碑坐落在纪念馆顶部海拔2832米的平台上，正面为江泽民提写的"六盘山红军长征纪念碑"碑名，东西两侧分别是毛泽东手写的著名诗篇《七律·长征》和《清平乐·六盘山》。纪念广场占地10000平方米，门口两组群雕再现回汉人民迎红军和红军翻越六盘山的壮观场面。纪念亭和吟诗台坐落在纪念观对面的山峰上，使整个景区气势恢宏、壮观。

五、青铜峡风景区

　　青铜峡市位于宁夏回族自治区中部、银川平原之南。南北长60多公里，东西宽30多公里，总面积2424平方公里。九曲黄河穿境北流，举世闻名的青铜峡拦河大坝坐落于境内。2003年青铜峡市综合经济实力名列中国西部百强县（市）第80位，被誉为"塞上明珠"。青铜峡枢纽工程的建成结束了青铜峡灌区无坝引水的历史，大大提高了渠道供水保证率，扩大了

< 坐落于青铜峡市黄河西岸
　的中华黄河楼

我爱宁夏

灌溉面积。因黄河泥沙淤积，现库容已不足1亿立方米。水库波光浩渺，洲滩林草葱茏，水鸟悠游，左岸山坡上有古塔群"一百零八塔"，是宁夏游览胜地，现已划为自然保护区。

　　说起青铜峡，当然离不开黄河，黄河这条中华民族的母亲河，自青藏高原奔流而下，从甘肃省的黑山峡进入宁夏境内，蜿蜒地穿过了牛首山，便形成了8公里长，高出水面数十米的陡壁，这就是青铜峡。峡谷两岸的高山峻岭上，奇岩怪石，姿态万千，古木森森，映蔽江面。然而从前这里却因为地势险峻，成了兵家必争之地。相传汉代名将马贤和唐代名将李靖都曾在此作战，古人有诗吟道："青铜峡里韦州路，十去从军九不回。"

　　青铜峡峡谷的形成离不开大禹的功劳。相传远古时候，这里是由黄河水形成的大湖，由于贺兰山的阻挡而水流不畅。大禹来到此地，看到上游因湖水受阻而形成水涝，下游无水又旱情肆虐。为解救百姓苦难，这位治水英雄举起神斧，奋力开山，只听一声巨响，中间豁然出现一道峡谷，黄河之水得以疏通，下游旱情得到解除，上游也不再形成涝灾，农田滋润肥沃。就在大禹劈开贺兰山的时候，满天的夕阳把牛首山青色的岩石染成了迷人的古铜色，大禹见此情景，兴致勃勃地提笔在山岩上写下了"青铜峡"三个大字，从此这段峡谷便有了青铜峡的美名。

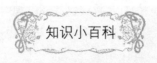

知识小百科

青铜峡水利枢纽工程

　　青铜峡位于宁夏回族自治区青铜峡市。它是黄河干流的重要水利工程，于1958年开始兴建，1967年基本竣工。水库坝长697米，坝高42米，有7孔溢流坝，3孔泄洪闸。除河床水电站外，还在两岸各建一水电站。为宁夏的工农业生产提供了充足的电力。黄河出祁连山进入宁夏后开始由西向北流，经青铜峡后分为几个河道（灌

　　　　　　　　　　　　　　　　　　　　　　　　　塞上江南风景异

渠），因此青铜峡水库对这个地区的灌溉起着非常重要的作用，它把蓄水分向各个河道，扩大了灌溉面积，可使300万亩农田受益，使著名的"塞上江南"变得更加美丽富饶。青铜峡水利枢纽工程具有发电、灌溉、防洪综合利用水利资源的作用。

< 青铜峡水利枢纽

六、星海湖

星海湖又名北沙湖，位于大武口区东部，常年水域面积23平方公里，为历史上古沙湖遗址之一，是银川平原"七十二连湖"重要的水系组成部分，与沙湖为同一水系，一脉相承。

星海湖原名大武口滞洪区，是自然形成的低洼地带，2003年初，当地下大力气整治这块湿地，并冠名星海湖，意喻为五湖四海、星光闪烁、世纪之星、希望之星。现已建成湿地保护面积43平方公里，形成常年性水域23平方公里，建成东、西、南、北、中、新六大区域，即六大景区：鹤翔谷景区（北）、金西域景区（西）、百鸟鸣景区（东）、白鹭洲景区（中）、新月海景区（新）、南沙海景区（南）。先后又建设了星海湖纪念展示馆

我爱宁夏

星海湖 >

广场、龙腾星海广场、新月海生态广场、渔人码头广场、鹿儿岛广场、中域垂钓中心，分别建有占地面积 1.2 万平方米的大型游乐场和停车场一个，有大型游艇、快艇等各类船只三十余只，主要建筑有大型蘑菇亭、西欧风格的城堡、鹿舍、鸽舍、揽月桥等。

现在的星海湖景区，沙鸥翔集，野鸭成群，种类繁多，芦苇苍翠，蒲草连连，清波幽静。清晨的星海湖，美景如画，彤红的太阳、碧绿的芦苇荡、银色的湖面，当第一束金色的阳光投进清晨寂静的湖水中，刹那间激活了一湖清波。远远近近的湖面豁然醒来，在荡漾，在闪烁，目光所尽之处，波光粼粼，好一幅诱人的图画！午后看星海湖，湖光山色尽揽，贺兰山突兀眼前，山幽幽，水悠悠，看久了，会生出恍若隔世之感。

七、通湖草原

通湖草原旅游区位于中卫县腾格里大沙漠腹地，距中卫县城 26 公里，是沙坡头旅游区的重要组成部分。通湖草原旅游区汇集了沙漠、盐湖、湿地、草原、沙泉、绿洲、牧村等多种自然人文景观，被中外游客喻为沙漠中的"伊甸园"。

在通湖草原，可晨观沙海日出，暮赏大漠孤烟，寻一份与世隔绝的情怀。还可骑驼策马或者自驾沙漠车、牵引伞，漫游在金沙、银湖、绿洲、蓝天、白云之间，留连往返于牧村、敖包、沙漠人家、驼盐古道。在民族特色浓郁的蒙古包中，陶醉在飘香的奶茶、豪迈的酒歌、熊熊的篝火、悠扬的马头琴中。到了夜晚，在沙坡上席地而卧，大漠为床，蓝天为帐，在寂静的夜晚与星星月亮相约，与大自然相融。

八、贺兰山滚钟口

"滚钟口"俗称"小口子"，在银川市西北 35 公里处的贺兰山东麓，古为贺兰山胜境之一，现是宁夏最著名的避暑、游览胜地。此山口三面环山，山口面东敞开，形似大钟。在景区中央有一座小山，又像是钟内悬挂着的钟锤，人称"钟铃山"，"滚钟口"由此得名。

滚钟口山峦起伏，岩石峻峭，林木葱茏，巍峨秀丽。西夏时，就是"西夏古名胜地"。当时，李元昊曾于山沟北部建造了一处规模宏大的避暑宫苑。

＜贺兰山滚钟口

我爱宁夏

现在在这片参差错落的二十多处建筑遗址上,散落的砖、瓦、器物残片遗物,还俯拾即是。明清时,这里也大兴土木,建造庙宇、楼阁,修建了贺兰庙、老君堂、大悲阁、斗母宫、小洞天、关帝庙、兴隆寺、晚翠阁、观音庙等14处庙庵台阁,这些建筑依山临险,随势自然,错落有致。山内的三座山峰之上,还建有三座造型优美、小巧别致的白色喇嘛式塔。

始建于清朝光绪十八年(1892)的贺兰庙坐落在半山之上,分为上中下三层台院,三座殿宇连成一体。主殿泥塑彩像,两侧绘有滚钟口全景图和贺兰庙全景图,殿宇雕梁画栋,蔚为壮观。据史料载:明清时期,每年六月,城镇村堡的善男信女多进香山寺,轮骑络绎不绝,名曰"朝山",亦借以游览涤暑。

滚钟口经过历代修葺建设,成为一处著名的风景游览胜地。春夏之际,小滚钟口内满谷高杉,一片葱绿。来到景区入口,首先映入眼帘的是几棵苍劲葱茏的古槐和勃勃生机的长青松柏。进入景区,漫步于山道上,只见满山遍谷的洋槐、翠柏、白杨绿荫遮盖沟坡,郁郁葱葱。沟间坡地的山果树上挂满了晶莹欲滴的红山果和红酸枣。山涧里一缕清泉涓涓流淌。山中绿树、红花争相辉映,绚丽多彩。

南望群山,有三峰峭立,形似笔架,人们称它为"笔架山"。山下有人采佳石为砚,因而又称曰"砚石笔架山"。若拾级而上,登临山颠"望海亭",可凭高四览,向西远眺,但见峰峦起伏,势若奔浪;极目东望,又见千里平畴,像风平浪静的海洋,天地相间处,云烟浩渺浑然融为一体。在这里还可观赏到"日出笔架"、"月光别钟铃"、"石嶂穿白云"等自然景观。如逢朝晖夕映时,又可观赏到"贺兰佛光"之景,堪与"峨眉宝光"争妍。六月暑日,在景区西边沟尽头的青羊溜山巅上,蓝天晴空,白雪盖顶,这就是古宁夏八景之首的"贺兰晴雪"。

滚钟口山美、树美、水美。正如明代诗人王逊的诗所赞:

贺兰西望矗长空,
天界华夷势更雄。

岩际云开青益显，
峰头寒重白难融。
清光绚玉冲虚白，
秀色拖岚映夕红。
胜概朔方真第一，
徘徊把酒兴无穷。

九、火石寨景区国家地质公园

火石寨，在宁夏南部的西吉县境内，这里"丹霞"地貌景观集中，连片分布；岩层垂直节理保留完整；墙状山体直立陡峭，柱状山体拔地而起，形成了壮观的丹崖、丹峰地貌，在黄土高原地区极为独特。由于它的山峦呈现暗红色，尤其在绿树的掩映下，如同一团团燃烧的火焰，因而取名火石寨。每当春夏时节，满山遍野花草丛生，色彩斑斓，蜂恋蝶舞，生机盎然。在稀疏的林木间，还生长着一簇簇箭竹，为北方山水增添了几分南国姿色。

< 火石寨国家地质公园

我爱宁夏

在火石寨方圆百里之内，分布着许多大大小小的兀立山峰，其中著名的有扫竹岭、石寺山、照壁山等，尤以天然石城最为奇特。火石寨不但有令人神迷的自然景观，还有十多处石窟建筑，它是和须弥山石窟一脉相承的。

景观区地处古丝绸之路，人类文化遗迹丰富，历来为佛教、伊斯兰教和道教的流传之地。区内有以云台山石窟为代表的大小石窟群十多处，一百二十多孔，石寺山、黑窑"拱北"、大石城等宗教、历史遗迹多处，人文景观丰富，极具保护和研究价值。

第二节　寺庙和古塔

一、牛首山寺庙群

牛首山寺庙群，位于银（川）吴（忠）平原和卫（中卫）宁（中宁）平原之间的牛首山，黄河东岸，西距中宁县城 45 公里，北距青铜峡市区约 50 公里，是宁夏境内建筑规模最大的古寺庙群。

牛首山的古寺庙群，初建于唐代以前，北魏时期，分"西寺"和"东寺"两处庙群，相距 10 公里。曾有人称该寺庙群"可与四方九华、普陀、峨眉、五台名山胜地，同其高深，灵感利济群生于无穷也"，为朔方名刹。

牛首山寺庙群历史久远。寺庙始建于何时，正式典籍均无明确记载。根据《旧唐书》和明朝管律撰《牛首山碑记》所述，从小西天寺留存的"多敬德重修"石碑分析推论，至少应为唐贞观之前所建，很可能是南北朝遗

<牛首山寺庙群

物。西夏时期，这里是宁夏主要的佛教区域，山上分布大小寺庙近四十座，有著名的大西天、小西天、金宝塔等多处古刹，历史年代悠久，香火旺盛。它与西面贺兰山麓的元昊行宫（又称大佛寺）、南面的鸣沙安庆寺遥相呼应，组成了一个佛教区域，是西夏王朝重点经营的一个地区。唐、宋、明、清均多次进行维护重修。

牛首山的山名来历，有民间故事传说。古时候，黄河青铜峡有一条凶恶的蛟龙，经常兴妖作怪，淹没良田和村庄，害得百姓苦不堪言。为了制服恶龙，乡民们捐资铸造了一个大铁牛，放在黄河东岸烧香膜拜，铁牛经常入水与恶龙搏斗，为了防止恶龙再来残害百姓，大铁牛就卧在岸边守望。后来铁牛化成一座山，人们叫它"牛守山"，后演化为"牛首山"。另相传大禹治水来到此处，看到黄河水汹涌泛滥，祸害百姓，民不聊生，于是用斧头奋力劈开峡谷，疏通了河道，降服了妖魔，为使黄河之水不再泛滥，大禹请示天庭降下神牛，在此镇守，因山形酷似牛首，由此而得名"牛首山"。

我爱宁夏

二、拜寺口双塔

拜寺口双塔，矗立在宁夏银川市城区西北45公里处的贺兰山拜寺口。塔身背后是一座紫色岩石的山峰，双塔东西相对，远远望去，犹如姐妹俩。

拜寺口双塔建在拜寺口内左侧的一个方形平台上，两塔东西相对，相距仅百米。是宁夏境内唯一一处密檐式砖塔建筑。双塔造型精美，均为平面八角形密檐式，塔身华丽，每层均用各色琉璃瓦装饰，塔顶上仰的莲花瓣刹座，承托着十三层相轮作为塔刹。塔室为圆形，室内采用厚壁空心木板楼层结构，都具有直竖平地、不设基座、厚壁空心的特点，但是细部处理各有不同。在两塔之间原来建有佛寺，现已毁废不存。

11～13世纪，宁夏地区是西夏国的中心，全境曾盛极一时、雄镇西北。西夏将佛教定为国教，统治者不惜献良马向宋朝乞赐佛经，请西域高僧来现身说法。在当时的西夏国境内，名刹宝塔相当多。西夏开国皇帝李元昊信奉佛教，"他幼晓佛书，通晓经文"，在贺兰山拜寺口修建佛祖院，寺庙规模宏大，随寺庙而建立拜寺口双塔。1986年在对拜寺口双塔进行维修

拜寺口双塔 >

塞上江南风景异

知识小百科

拜寺口双塔的传说

关于双塔,还有一段美丽的传说。据说很久以前,兵荒马乱,山泉枯竭,民不聊生。有一天晚上寺庙里的老僧依稀听见有人在半空中说"此地不宜久留"。老僧出庙观看,只见拜寺庙东西两侧各约50来步远的地方不知何处飞来了两座亭亭玉立的佛塔。老僧心想,天长日久难耐孤寂,只有钟声为伴,若有这两座塔相陪那该多好!绝不能让它们飞走。于是老僧心生一计,点着一把火烧伤了东边一塔,西边一塔也就留下来了。因而得名"飞来的"拜寺口双塔。此后这里风调雨顺,五谷丰登,六畜兴旺。两塔东西相距百米,形影不离。人们怀着敬仰之情,送给她们很多美丽的名字,如相望塔、夫妻塔、山神塔、海神塔、飞来塔等。

时,发现每座塔每层坠风铃角木上套有绿琉璃套兽,与西夏陵出土的琉璃套兽完全一样。并在西塔刹座穹室发现西夏文墨书题记六则、朱红梵文咒语、卷本胶漆彩绘佛画、元代中统交钞、喜吉和金刚木雕像、绢花等。拜寺口双塔应为西夏时期的建筑。

三、涝坝口石刻塔和大枣沟石刻塔

涝坝口石刻塔,位于石嘴山市区西北15公里,在沟口北岸的山坡上,涯面向南,距离地面20多米,并排浮雕两座塔,皆为喇嘛式,造型相同,由塔座、塔身、塔顶组成。塔体均呈三角形。

大枣沟石刻塔,位于大武口区4公里处,石刻塔凿于沟谷南岸的两面石壁上,石壁朝北,距离地表面30米左右。五座石刻塔均为浮雕喇嘛式,

我爱宁夏

大枣沟石刻塔 >

大小略异，造型相同，由塔座、塔身、塔顶组成。塔体均呈三角形，外侧用阴刻线勾画背光。塔刻皆为三层须弥座。

据分析考证，涝坝口、大枣沟内石刻塔应为西夏时期所刻，当时的西夏盛行佛教，信教之人遍布全国各个角落。据推测，地处贺兰山区放牧为生的善男信女，在周围没有庙宇的情况下，便在山崖上刻以塔形，烧香跪拜，表达自己对佛祖的虔诚。同时，西夏的绘画艺术发展比较早，崇尚红色，在涂染时多以白色衬底，用以突出红色，而所有的石刻塔都表现出了这样的用色特点。这对研究西夏至元时期的宗教文化、建筑艺术有重要价值。

四、同心清真大寺

同心清真大寺，坐落在宁夏同心县城西北角，是宁夏现存规模最大、历史最久的伊斯兰教建筑之一，也是一座把我国传统木结构建筑和伊斯兰木刻砖雕装修艺术融为一体的建筑。

全寺分为内外两院，外院较为宽敞，穆斯林重大节日常聚集于此处会礼。分上下两部分，下部是寺门、影壁、井房、浴室，上部为礼拜大殿和邦克楼等主体建筑。

<同心清真大寺

　　此寺始建于元末明初，原系一座喇嘛庙改建而成，距今至少有 400 年的历史。从照壁、礼拜殿脊梁处墨书题记看，明朝万历年间、清朝乾隆年间和光绪年间曾三次重修扩建。1982～1983 年由政府拨款再次修葺一新。清真大寺是宁夏南部山区最著名的清真寺，有许多知名的穆斯林学者曾在这里求学讲道。

五、纳家户清真寺

　　纳家户清真寺，位于宁夏永宁县杨和乡纳家户村，距银川市南约 20 公里。

　　清真寺现占地 9000 平方米，融阿拉伯风格和汉唐建筑艺术为一体，整体呈东西向长方形，由门楼（邦克楼、望月楼）、礼拜大殿、厢房、书房、沐浴房以及寺前的照壁等组成。寺院前的照壁，呈"凸"字形，与邦克楼对峙，用青砖砌成，高 10 米，宽 22 米，上面雕有《古兰经》经文。

纳家户清真寺 >

据记载，元代延安王纳速剌丁任陕西平章政事，其四子分别以纳、苏、剌、丁为姓，纳家户之纳姓据信为纳速剌丁之后。其纳姓子孙从陕西移居宁夏后，于明嘉靖三年（1524）所建，据今已近500年历史。清乾隆、同治年间两次遭到严重损坏，后陆续修复，现存建筑主要是清末重建的。"文革"期间，遭到破坏，1984年群众捐资加上政府拨款再次修复。纳家户清真寺历史悠久，规模宏大，建筑风格独特，是永宁县乃至全区回族宗教活动的重要场所，每天到寺礼拜的人都有二百多，每逢开斋节、古尔邦节到寺礼拜的人有3000以上。

六、武当庙

武当庙，又称北武当庙，在宁夏石嘴山市大武口镇西北2公里的武当山上，贺兰山东麓韭菜沟西南，原名福寿寺，又称北寺，是佛教禅宗在北方的一处深山宝刹。

北武当庙（寿佛寺）占地12000平方米，建筑面积4300平方米。古刹依山而建，将山的气势揽入寺中。庙宇格局与群山险峰相得益彰，彼此

＜北武当庙

互为点缀、互为风景。整座庙宇自北朝南，四进院落布局严谨、庄重秀美。中轴建筑山门楼、配殿相互对称，和谐自然。

晨钟暮鼓，北武当庙寺庙音乐悠扬如诉。远远望去，巨大的"佛"字和群山仿佛遮在云雾之中，若隐若现。清风拂过，回归自然，小觅一下清净怡然的心情，让人不觉顿悟人世的一丝禅意。

估计此庙当为西夏建筑。庙内的多宝塔，增建于道光二十八年（1848）。光绪年间，北武当庙僧人广煜修学北京檀柘寺，经檀柘寺方丈引见，敬请常来檀柘寺进香的慈禧太后为武当庙钦书"护国寿佛禅寺"白绢条幅。自此，北武当庙又名佛寿寺。左宗棠等人也曾为之亲笔题字作画，使之声誉大振，远近闻名。每逢庙会期，各地前来朝山拜佛者络绎不绝，香火旺盛。

知识小百科

武当庙的民间传说

关于这座寺庙的建立，民间还有这样一个传说：在康熙年间，石嘴山的戍边士兵，每夜都在山麓巡逻，常常听到"背上我"的呼叫声。一天夜里，士兵们听到呼叫后，

我爱宁夏

随口答应，顿时，一个士兵的背上就出现了一个人，只好把他背走。士兵问背上的人家住何处，姓氏名谁，为何半夜三更一个人在这里？但始终未听到背后的人回答。背出数里地，感觉越背越重，士兵怒气冲冲地说："你是石头人呀！怎么不说话。"语声未落，背上的人落地。士兵点着火把一看，原来是一尊无量寿佛石像。恰好此处山侧有一个岩洞，他就把佛像放置在岩洞中。到了癸末年，平罗清军驻守官兵在贺兰山打猎时又发现了这尊无量寿佛像。就把它背回来。当时，有位善行居士提议，此处土地平坦宽阔，可以在这里修建一座寺庙，安置无量寿佛像，但由于没有水，无法施工。于是，人们就默默地祈祷，求神佛显灵相助。祈祷片刻，土地湿润，往下挖掘，地下立刻果然涌出一股喷泉，泉水清澈甘甜。于是就在这里搭棚往下破土动工，用山上的石头垒砌墙基，用黄土夯筑墙建造寺庙。从此周围几百里的善男信女到武当庙烧香拜佛，求神灵保佑，使得这里香火旺盛不断。

七、一百零八塔

位于青铜峡大坝之西陡峭山坡上的一百零八塔，是始建于西夏时期的喇嘛式实心塔群。在此处的塔基里，曾发现过书有西夏文题记的千佛图帛画。佛塔依山势自上而下，按 1、3、3、5、5、7、9、11、13、15、17、19 的奇数排列成 12 行，总计 108 座，形成总体平面呈三角形的巨大塔群，因塔数而得名。

一百零八塔，建在一排排被人工铲削成阶梯式的山崖上。塔基除最高处的第一行一座为方形外，第二行以下均为单层八角形须弥座。塔身除第一行一座较大，高 3.5 米外，其余的高度均在 2.5 米左右。塔体形制大致上可以分为四种类型：第一行一座为覆钵形，面东开有龛门；第二行至第四行，为八角鼓腹尖锥形；第五行至第六行，为葫芦形；第七行

塞上江南风景异

<一百零八塔

至第十二行，为宝瓶形。所有塔体的外表均涂有白灰。由于从始建至今已有八九百年，其间后代曾多次维修，故塔体外裹的白灰也多达数层。揭去后代维修所抹的草泥白灰，可以看出在最早的一层白灰上，总有与喇嘛教有关的彩绘图案。

"108"，是佛教中惯用的数字。佛教认为人生有烦恼与苦难108种，为消除这些烦恼与苦难，规定惯珠要108颗，念佛要108遍，敲钟要108声……所以，108塔应该是那些捐资造塔的"功德主"为消除人生的烦恼与灾难而特意建造的。当然，也有人认为，是"功德主"为尊仰《金刚顶经毗卢遮那一百零八尊法身契印》而造。无论出于哪种想法，显然都与佛家惯用"108"这个数相关。

如此众多的塔体，按规律组合成群，不要说是在宁夏，就是在全国现存的古塔建筑中，也是罕见的。一百零八塔，是国务院公布的全国重点文物保护单位。2003年被自治区旅游局评为AA级景点。

在塔群附近的黄河库区，有被誉为"候鸟天堂"的青铜峡鸟岛。每年春季，数以万计的候鸟从南方迁徙而来，在这里产卵孵育。其中既有司空

我爱宁夏

见惯的麻鸭、大雁，也有珍稀的黑天鹅。蓝天碧水，绿草青山，飞鸟成群，鸣声上下，给古老寂寞的塔群增添了无限生机。

八、中卫高庙

从银川去宁夏著名的自然景观沙坡头旅游，必经宁夏重镇中卫县城。县城北隅，有一座重楼叠阁、殿宇紧密、檐牙相啄、廊宇曲连的寺庙，以其设计奇巧、造工精细而闻名于中外。这座寺庙在明代永乐至万历年间（1403—1619）已粗具雏形，后经不断修葺和增建，形成规模。现存的中卫高庙，即为清咸丰年间和20世纪40年代重修、增建后的定型。其建筑风格依然以清代古建筑为主体。

高庙坐北朝南，在南北中轴线上，从南向北的主要建筑有保安寺的山门，山门之上是魁星楼，内塑魁星造像。进山门迎面是一座双层的砖

中卫高庙 ＞

雕牌坊，婷婷玉立，结构独特。由于上塑天宫弥勒佛，故称"弥勒阁"。由此上踏 15 级台阶，至大雄宝殿，内塑释迦牟尼坐像。大雄宝殿的东侧为地藏宫，西侧为三霄宫。东西两边的配殿里，塑十方佛及二十四诸天。穿过 34 级台阶，直抵南天门。台阶的前一半，建成天桥状，天桥两侧被环绕一周的楼宇围成两个天井，东边的称"东天池"，西边的称"西天池"。两个天池由天桥下的圆形隧洞相互联通，隧洞被称为"地狱轮回洞"。

登上南天门，迎面是一座建在高台基上的九楹三层楼阁。下层为五岳殿，东配三宫殿，西配祖师殿，从两侧配殿登木梯上至二层，是玉皇楼，内塑玉皇大帝造像；登上三层，为三清宫，内塑道家祖圣老子造像，并绘有"天宫朝无"、"玉阙仙宴"、"天女散花"、"嫦娥奔月"等彩绘图案。在三层主楼的正面，还十分别致地建造了一座三层中楼，小巧玲珑，婷婷秀丽；下层绘二十八星宿，中层塑观世音菩萨和接引佛像，上层塑太白金星。中楼的两侧是钟鼓楼、四仙阁、观景台等，这些建筑用廊桥相互连接沟通，使之左右对称，逐次升高。形似凤凰展翅，瑰丽挺拔。檐角高翘，给人以凌空欲飞之感；檐牙相啄，又使人有争妍斗巧之觉。

高庙建筑的特点是：集中、紧凑、回曲、高耸，在占地仅 4100 多平方米的面积上，建造了 260 多间建筑物，最高建筑高出中卫街面近 30 米。站在中卫街头，远远望去，高庙气势磅礴，雄伟壮丽，重楼叠阁，错落有致。深入其间，又见殿宇玲珑，清幽义雅，廊桥高悬，构思奇异。中卫高庙集中国南北古建筑特点于一体，充分显现了古代劳动人民的聪明智慧和精湛技艺。

高庙以其独特的群体古建筑和包罗万象的合体宗教信仰，吸引着八方来客，使庙内香火不断，兴盛不竭。高庙也因此而驰名，被列为宁夏回族自治区重点文物保护单位。

我爱宁夏

第二节 陵墓、石窟

一、兵沟汉墓群

兵沟汉墓群，地处宁夏原陶乐县西南、明长城以北，距离银川市38公里，是不同时期分葬的汉代官墓。

汉墓群于1986年发现，有墓葬103座，分布在一条自东向西绵延长达10余公里、深20余米、宽10～60米不等的天然大峡谷内，在一个近5平方公里的台地上。

史书记载，这里是秦汉时期屯兵之地，故称"兵沟"。相传秦汉时期大将蒙恬、卫青曾在此征战过。秦始皇三十三年（前214），秦将蒙恬北逐匈奴，在此设浑怀障，设都尉镇守，距今已两千二百余年。汉墓群是兵沟秦汉文化的重要历史遗存，是浑怀障戍守边将士的墓葬。兵沟汉墓群已经被开发为旅游景区，供人们游览参观。

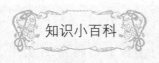

知识小百科

藏兵洞

藏兵洞，古代军事设施，类似地堡暗道，可埋伏奇兵出奇不备攻击对方，多建于古代城市城墙或者关隘。在水洞沟通往红山堡幽深莫测的大峡谷中，保存着五百多年前的明代藏兵洞。它依托雄伟的长城、险峻的崖壁、神秘的古城堡而更显神奇。水洞沟藏兵洞洞内分岔，有如迷宫。在清理出来的近千米洞道里，辟有二十多间土室，其中有小型粮仓、水井、厨灶、兵器库、火药库及陷阱、暗器孔道及指向大峡谷的炮台等军事防御设施。土室内墙壁上有小龛，置有破碎陶器，似为油灯之属。在地面上还可以找到明代兵器的残件、钱币、瓷器碎片等。据宁夏文物考古专家们推测，藏兵洞为明代古长城军事防御体系的一部分，是中国发现的保存最完整的古长城立体军事防御遗址。当地文物部门已清理的"藏兵洞"约长三千多米，占藏兵洞道总长度的七分之一，有关考古研究仍在进行中。

< 藏兵洞

二、须弥山石窟

须弥山石窟，位于宁夏固原市西北 55 公里寺口子河（古称石门水）北麓的山峰上，正好处在丝绸之路必经之地——石门关的北侧，是六盘山的余脉，属黄土高原独特的丹霞地貌。

佛教自汉代由印度传入我国，到魏晋南北朝时得到广泛传播。当时，除了大量的佛经被传入外，还有精美的佛教石窟艺术，也经中亚、西域传

我爱宁夏

须弥山石窟 >

入我国，自魏晋以来，逐渐在丝绸之路要道沿线各地得以建造。须弥山石窟始建于北魏时期，以后西魏、北周、隋、唐各代均有营造和修茸，现存石窟一百五十多座，分布在连绵两公里的八座山峰上，自南而北依次为大佛楼、子孙宫、圆光寺、相国寺、桃花洞、松树洼、三个窑、黑石沟等，成为今天固原规模最大的佛教石窟遗址。

北周时期，须弥山石窟开凿数量多，规模大，造像精，在整个须弥山石窟造像中占有重要地位。这时期开凿的窟室，主要分布在圆光寺、相国寺区域。

唐代是须弥山石窟开凿最繁荣的时期。表现在凿窟数量多，雕凿艺术精湛，达到了空前的水平。唐代须弥山石窟开凿主要分布在大佛楼、相国寺和桃花洞三个区域。须弥山石窟著名的高二十余米的弥勒坐像就在这个区域。唐代石窟开凿的样式，在北周的基础上又发生了新变化，即除个别石窟仍保留了方形塔柱外，方形的佛殿样式已经取代了北周的塔柱式。窟龛的开凿大致有：平面横长方形平顶敞口窟，平面马蹄形穹窿敞口窟，平面方形平定大窟，平面方形覆斗顶窟等。

明朝以后，尤其是近代以来，丝绸之路的衰落逐渐使这里与外界联系中断，趋于闭塞，有关石窟的建造修葺几乎停止。明英宗赐名"圆光寺"，对于须弥山大兴土木，整饬修缮，不过已经不是前代大规模地开凿造像，而只是兴修寺院。

须弥山石窟除造像外，还有唐、宋、西夏、元、明各朝代的题记三十余则，壁画近十处，有明朝的壁刻三通。这些题记和碑刻，有助于研究者研究丝绸之路文化与石窟文化在固原的表现。

三、无量山石窟

无量山石窟，位于宁夏彭阳县城西北约25公里处的无量山上，这里四周山峦起伏，绿树成荫，草木茂盛，环境优美，四季如画。

石窟开凿在无量山半山腰，分东西两窟，相距约200米。东窟窟顶呈隆形，进深0.8米，有五尊石质佛像，其中四尊保护完好，三尊主佛并排而坐，造像通高2.1米，其中居中而坐者是释迦牟尼佛，面部清瘦，身着双肩袈裟，袒露胸脯，右手伸二指指天，左手半出抚膝，神情庄重肃穆。左侧佛风韵

< 无量山石窟

我爱宁夏

饱满，是"笑口常开的弥勒佛"。右侧佛神情庄严肃穆，是阿弥陀佛，号曰无量寿佛。西窟共有 20 尊佛像，为一佛、二菩萨、十六罗汉、一护法佛像，整个造像一线排列在距地面高 0.9 米，长 8.2 米的石崖上，造像最高 0.8 米，最低 0.38 米，其神情各异，姿态分明。一佛、二菩萨身着长衣，下摆拂地，是观世音菩萨。观世音左侧有一坐像，是护法神。分列两旁的是 16 尊罗汉，其中 7 尊保存较好。东端距地面约 2.6 米处有一题记："景祐二年四月十二日刘绪等公修罗汉人。"

据记载，无量山石窟修造于北宋年间，东窟建于宋天圣十年（1032），西窟佛像凿于 1035 年，这里背靠无量山，面向石峡河，依山傍水，风景秀丽。

四、西夏王陵

西夏王陵，又称西夏陵、西夏帝陵，有"东方金字塔"之称，坐落在宁夏银川市西郊贺兰山东麓山前洪积扇地带，距银川市区大约 35 公里，是西夏历代帝王及王公大臣陵墓所在地，是我国现存规模最大、地面遗迹保存最为完整的帝王陵园之一，是我国最大的西夏文化遗址。

西夏王陵陵区总面积 50 多平方公里，东西宽约 4.5 公里，南北长约 10 公里，西傍贺兰山，东临银川平原，地势西高东低，平坦开阔。目前，

西夏王陵 >

塞上江南风景异

共发现帝陵 9 座、陪葬墓 254 座，9 座帝王陵组成一个北斗星图案，陪葬墓按星象布局排列，其规模与河南巩县宋陵、北京十三陵相当。西夏的 9 座王陵分别是太祖李继迁裕陵、太宗李德明嘉陵、景宗李元昊泰陵、毅宗李谅祚安陵、惠宗李秉常献陵、崇宗李乾顺显陵、仁宗李仁孝寿陵、桓宗李纯祐庄陵和襄宗李安全康陵。西夏自景帝李元昊称帝至末帝李睍亡国，共传 10 帝，若加景帝追尊的其祖父李继迁、父亲李德明，共计 12 帝。西夏只有 9 座王陵，后三代皇帝因死于成吉思汗灭西夏期间，故未能造陵。陵园分南区、中区和北区三个区域，其中以南区的裕陵和嘉陵最大，俗称"双陵"。西夏陵 3 号陵，茔域面积 15 万平方米，是西夏陵 9 座帝王陵园中占地最大的和保护最好的一座，专家认为是西夏开国皇帝李元昊的"泰陵"。

西夏陵区在地表遗存了大量的兽面纹和花卉纹瓦当、虎头纹滴水、绿琉璃瓦、白瓷板瓦、花纹砖、套兽、莲花桩基，以及造型生动的灰色和绿色琉璃鸱吻。精工制作的石雕栏柱和男女像、力士石座等大型建筑物件，象征着陵园建筑都曾是高大的传统大屋顶建筑，显现出昔日陵区的宏伟规模和肃穆景象。

20 世纪 70 年代，位于贺兰山下的西夏皇家陵墓被发现，使得静卧了千年之久的西夏王陵终于被拨开了神秘的面纱。1038 年，李元昊建立了大夏王朝，因其位于同一时期的宋、辽两国之西，历史上称之为西夏，它"东尽黄河，西界玉门，南接萧关，北控大漠，地方万余里，倚贺兰山以为固"，雄踞塞上，立朝 189 年，先后传位十主，为中国西部地区的开发作出了巨大贡献。13 世纪，成吉思汗结束了蒙古草原长期分裂的局面，蒙古迅速兴起并日渐强大，开始对外扩张和掳掠。1227 年，成吉思汗包围大夏都城兴庆府长达半年，威震四方的成吉思汗虽战无不胜，却遭到西夏人的拼死抵抗，陷入苦战之局，蒙古军队付出了极其惨重的代价，成吉思汗降旨"每饮则言，殄灭无遗？以死之，以灭之"。经过一番腥风血雨，蒙古大军集中兵力攻下了西夏都城兴庆府，四处抢掠、大肆屠杀，铁骑所到之处，白骨敝野。曾在中国历史上威震一方的西夏王朝灭亡了，党项族也从此消失，

只有贺兰山下一座座高大的土筑陵台，仍然矗立在风雨之中，展示着神秘王朝的昔日辉煌。

五、明王陵

　　明王陵，位于宁夏同心县境内的罗山东坡下，是明朝开国皇帝朱元璋第十六子朱栴及其子孙们的陵园，古墓群规模宏大，占地30多平方公里。因为这里埋葬着明朝的皇族，故当地群众把这片陵区称为"明王陵"或"明庆王墓"。现在，只剩下4座陵墓了。据当地群众介绍，早年留存在罗山东麓地面上的"墓疙瘩"有72座，但到1984年文物普查时，仅剩34座，且全部遭到盗掘。

　　朱元璋统一天下建立明朝以后，为了巩固明王朝的集权统治，采取了分封制度，企图以朱姓治异姓之法来确保明朝天下的长治久安，

明王陵 >

在全国范围内先后分封了 25 个王，其中镇守北方的诸王，有防御蒙古入侵之责，拥有较为强大的军事力量，庆王栴便是被分封到宁夏的皇子之一。

庆王于 1438 年病逝，安葬在罗山东麓下，随后明朝皇帝亲封的庆靖王、庆康王、庆怀王、庆庄王、庆恭王、庆定王、庆端王、庆宪王等九世亲王和一位端和世子，以及后来庆藩分封的真宁王、安化王、宏农王、丰林王、寿阳王、延川王、华阴王等诸王和嫔妃们等七十多人去世后，都安葬于此，形成了明庆王陵。其中庆靖王朱栴的正妃孙氏最早埋葬在这里，于永乐八年（1410）下葬，距今已有六百多年的历史了。

罗山脚下的明王陵有宁夏明朝博物馆之称，今天，我们站在这片千疮百孔的陵区前，仍能真切地领略到陵区的幽深、古远，感受到王陵文化的丰富内涵和历史底蕴。

第三节　遗址、古城

一、贺兰山岩画

贺兰山岩画，集中分布在宁夏境内贺兰山脉的各个山口中。出了银川城，向西边贺兰山脚下驱车前往，一个小时左右的时间就到了贺兰口岩画遗址，闻名于世的"太阳神"岩画就刻制在这里。贺兰口岩画是贺兰山岩画具有代表性的岩画之一。

　　贺兰山岩画遗址是包括了整个贺兰山诸多岩画遗址在内的大集合概念，主要分布在贺兰山东麓，北起石嘴山地区，南至中卫地区的 27 个山口的岩石上，单位图像 27000 多幅，其中以组合图画形式出现的有 5000 多组。所表现的题材主要反映当时人们的生产、生活场景，主要有狩猎图、舞蹈图、交媾图和争斗图等。其中，狩猎岩画较多，几乎每一个岩画集中地点都有，有单人行猎、双人行猎和多人行猎。

　　岩画是古人类刻画在岩石上的图画，在没有文字的岁月，古人用岩画纪录他们的意愿和要求。它以优美丰富的形象，表现古代社会的经济、生活、科学、宗教、文化、艺术等各方面内容。中国岩画分为南北两个系统。南系除广西左江流域，还有四川、云南、贵州、福建等地。南系岩画大都以红色涂绘，颜料是以赤铁矿粉和牛血等混合而成的。制作年代在战国至东汉期间。北系以贺兰山、阴山、黑山、阿尔泰山等为主，绵延数千里，气势宏大。北系岩画大都是刻制的，刻制又包括磨制、敲凿与线刻。制作

　　　　　　　　　　　　　　　　　　　　塞上江南风景异

知识小百科

银川世界岩画馆

　　银川世界岩画馆坐落于贺兰山岩画的荟萃地——贺兰口岩画风景名胜区世界岩画馆，建筑面积4106平方米，展区面积2000平方米，集中展示了全世界30个国家、200多个岩画点的精品岩画图录、拓片、脱模复制品、油画仿制品、实物以及与岩画同时代产生的原始艺术品，是目前世界上规模最大的岩画专题博物馆。走进馆内，仿佛步入时空隧道，馆内神奇怪异的岩画符号，将带你周游人类的史前世界，穿越空间，前往非洲、美洲、大洋洲、亚洲、欧洲与古人类对话，感受远古先民们狩猎、游牧、祭祀、欢呼、舞蹈以及部落间的征战，体会他们的欢乐与悲伤。

∧ 银川世界岩画馆

时间的跨度很大，最早的可能在新石器时代，最晚的在元代。贺兰山岩画主要发现于宁夏境内的贺兰山山脉，从地理划分上属于中国岩画的北系，主要采用磨刻、敲击和划刻的办法进行刻制。关于岩画的刻制年代、上限时间，虽然目前学术界没有统一的观点，但是，大体应该发生在新石器时期前后，也就是说，应该在旧石器时期晚期到春秋战国之间。

二、灵武瓷窑遗址

灵武磁窑堡瓷窑遗址，位于宁夏灵武市正东 35 公里处，在磁窑堡镇西北 4 公里处。

∧ 灵武瓷窑遗址

塞上江南风景异

遗址当地有丰富的煤矿和瓷土矿，为烧瓷业的发展提供了条件。窑址面积很大，约32万平方米，在此范围内到处散布有瓷片和各种窑具碎片，文化层厚度约2～3米。1983年，宁夏博物馆会同有关部门对灵武磁窑堡窑址进行调查，先后挖掘出多处窑炉和作坊遗址，出土了大量瓷器，发掘区内主要包含西夏、元代文物的地层。

西夏时期，磁窑堡不仅是一个瓷器制造中心，也是一个瓷器集散地和重要的贸易点。北宋是中国封建社会空前发展的时期，瓷业生产也出现了前所未有的繁荣景象。西夏受北宋影响，开始烧制自己的瓷器。磁窑堡便是西夏生产瓷器的地方，根据窑址遗迹和考古发掘判断，这里生产规模庞大，产品有粗细之别，毫无疑问，那些精致高雅的白瓷、剔刻花瓷及造型别致的上釉瓦当等建筑材料是为西夏王国的贵族生产的，而那些大量生产的缺少审美情趣的粗笨瓷器是供平民百姓使用的。当时在西夏，磁窑堡相当于宋朝的景德镇。值得注意的是瓷窑大量烧制的一种瓷扁壶，这种瓷扁壶正反两面中间均有一圈足，反面圈足起放置平稳的作用，正面圈足则起对称和加固胎体的作用，壶两侧的双耳便于穿绳携带。这种类型的扁壶在西夏境外的其它窑址不多见，这充分说明了党项民族以畜牧业为主的游牧文明特征。党项人以游牧为主业，游牧生活的特点使他们经常需要随身携带足够量的饮用水，双耳瓷壶正好满足了他们的这一要求。到了明朝，在弘治年间，此窑还生产一定数量的瓷器供两河地区，当时的磁窑堡还是一个瓷器贸易市场，但到明嘉靖十九年（1540），期间仅相隔四五十年，磁窑堡已趋衰落，烧瓷工匠已经寥寥无几。

三、花马池古城址

花马池古城址，在宁夏盐池县城城区内，保存较完好。城平面呈长方形，南北长1400米，东西宽1100米。黄土夯筑，外包砖石，基宽12米，残高8米，顶宽4～5米，东北南三墙正中开辟门，置翁城，现在仅存南门。四隅有敌台，西墙置腰墩，原为玉皇阁，已不存在。

据史料记载，该城于明朝天顺年间修筑。在历史上，今天的盐池县城及周围地区水草丰茂，猎物充足，是北方匈奴等地少数民族藉以侵入关中的主要通道，到了明朝以后，明王朝深谙其重要性，以修建长城和城池的办法来驻守边关，抵御外患。在没有修筑花马池城之前，就动员大批人力物力在这一地区修筑长城，构建严密的军事防御体系。明朝正统九年（1444），明朝军事将领史昭上奏朝廷，紧依花马池盐湖旁边修建城池，并以湖名命名修好了的城池为"花马营"或"花马池"。到了明朝天顺年间，明王朝废弃了正统九年所修建的城池，在原址西南方向，

知识小百科

花马古城名字的由来

关于花马古城名字的由来有一个美丽的故事。传说，很久以前，在今宁夏盐池县城附近有一个很大的湖泊，湖水清澈明亮，成为方圆几百里动物们的生命水源，每到中午时分，各种动物便从四面八方来此饮水。就这样，过了很多年，有一天中午，人们忽然发现湖水中出现了一匹五彩斑斓的花马，在湖中饮水、徜徉。为了看清楚美丽的花马，人们便开始靠近湖水，终于有一天惊动了正在喝水的花马，花马瞬间消失在湖水中了，人们再也没有看到花马，但是，从此以后，却发现湖水开始长盐，洁白的盐使得食物更加美味了。于是，人们开始称这个产盐的湖为花马池，以感谢和纪念那匹神奇的花马。历史上的花马池古城便因这个产盐的花马池名称而来。

　　　　　　　　塞上江南风景异

即今天盐池县城的位置，重新修筑花马池城。此后，明正德时，又重新补修花马池城。明朝灭亡，又经历了清朝，花马池城之名称一直沿用到民国初年，被使用了将近五百个年头，成为盐池县历史上历时较长的政区名称。

第七章

宁夏走进新时代

　　半个世纪的深情关爱，半个世纪的辉煌巨变。宁夏民族团结、经济发展、社会进步，凝聚了党中央的亲切关怀和殷切希望。50年来，党的民族政策光辉照耀着这片充满希望的热土。600多万各族儿女同心同德、顽强奋斗，推动宁夏各项建设取得了巨大成就。特别是在科学发展观的指导下，宁夏在改革开放的道路上又好又快地前行。

∧ 银川城市新貌

第一节　促进宁夏跨越式发展

　　新中国成立以来，特别是1958年宁夏回族自治区成立的五十多年来，回汉各族人民相互信任，相互尊重，相互帮助，和睦相处，共同努力，在推进宁夏的物质文明和精神文明建设中，建立和发展了平等、团结、互助的社会主义民族关系。改革开放三十多年来，在建设有中国特色社会主义的事业中，宁夏的经济建设和民族工作，在科学理论的指引下，在各级党政组织的领导和各族群众的积极参与下，取得了显著成绩，民族关系得到了进一步改善和发展。

　　民族经济和文化教育事业空前发展，为民族关系的巩固和发展奠定了坚实的物质基础。经济上，地区经济取得了突飞猛进的进展，地方财政收入、粮食总产量都有较大增长。文教上，自治区把发展回族教育放在重要位置，

宁夏西吉马铃薯喜获丰收。>

从办学形式、专业设置、招生办法、资金投入等方面，采取特殊政策，大力发展民族教育。

在党中央、国务院的坚强领导下，自治区党委、政府团结带领全区各族人民，以科学发展观为统领，积极应对复杂多变的经济形势，有力促进了经济平稳较快增长，实现了"十二五"的良好开局。到2011年，全区完成地区生产总值2060亿元，比上年增长12%，人均生产总值达到32375元，比上年增加5515元。地方一般预算收入首次突破200亿元，达到220亿元，增长43.2%。全社会完成固定资产投资1648.5亿元，增长30.8%。三次产业结构不断优化，发展内陆开放型经济的基础日益扎实。

站在新的起点上，宁夏敢立潮头、抢抓机遇，按照国务院批准的建设宁夏内陆开放型经济试验区规划要求，解决区域发展不平衡问题，发展内陆开放型经济，勇于创新，不断扩大全方位的对外开放，真正实现科学发展、跨越式发展，建设和谐富裕新宁夏，与全国同步进入全面小康社会的宏伟目标。放眼宁夏大地，一个繁荣、富裕、文明的自治区正在崛起，宁夏的未来将更美好、更辉煌。

第二节　抢抓机遇，顶层设计

当前及今后一个时期，不仅是宁夏加快发展的重要战略机遇期，也是工业化、城镇化、国际化加速发展期，更是优化结构、转变发展方式的转型攻坚期，面临难得的发展机遇。正确认识大力发展内陆开放型经济，是党中央、国务院面向新时期深入实施西部大开发做出的重大战略部署，是

我爱宁夏

大势所趋。宁夏要主动出击，敢为人先，在全国率先建设内陆开放型经济实验区。

首先，从自治区层面看，宁夏是全国最大的回族聚居区，民族团结，社会稳定，与阿拉伯国家及世界穆斯林地区交往源远流长，在深化我国与阿拉伯国家和穆斯林地区战略合作中具有特殊的重要地位。随着经济全球化的深入发展，中国与阿拉伯国家及穆斯林地区经贸文化合作不断深化。特别是近两年来，宁夏成功举办了两届中阿经贸论坛，搭建起了中国与阿拉伯国家及世界穆斯林地区交流合作的重要平台，在国内外产生了广泛而深远的影响，银川悦海湾中央商务区及滨河新区的谋划建设和石嘴山与银川市一体化发展，进一步拓宽了新的空间。

其次，从国家层面看，设立宁夏内陆开放型经济试验区，有利于促进西部大开发战略的深入实施，为我国发展内陆开放型经济作出示范；有利于扩大向西开放，完善我国对外开放格局，拓展我国外需市场；有利于加强国际能源合作，提高我国能源安全保障能力；有利于推动少数民族地区发展和谐稳定，为我国民族地区走向繁荣富裕提供有益借鉴。

建设宁夏内陆开放型经济试验区是一项宏大的系统工程，绝不能急功近利，必须坚持顶层设计，高起点规划，高水平建设。以科学发展为主题，以加快转变经济发展方式为主线，以体制机制创新为动力，以大开放促进大合作，以大合作促进大发展，着力构筑全方位对外开放新格局。注重发挥回族穆斯林文化优势，着力促进资源优势向经济优势转变；注重承接东部和国际产业转移，着力促进产业转型升级；注重基础设施建设，着力打通对外开放通道；更加注重优化发展环境，着力提升对外开放水平。加快推进农业现代化、新型工业化、特色城市化和以生态移民攻坚为重点的扶贫开发进程，形成西部大开发政策高地，将宁夏建设成为面向阿拉伯国家及世界穆斯林地区向西开放的前沿阵地、国家重要的综合能源基地、能源化工"金三角"及周边地区综合服务基地、西部地区转变经济发展方式的示范区。

第三节 创新思路，突出重点

建设宁夏内陆开放型经济试验区必须实行全方位对外开放，以思想大解放促进观念大转变，以观念大转变促进思路大创新。其战略重点是把宁夏内陆开放型经济试验区建成我国向西开放的前沿阵地和战略平台，国家重要的综合能源化工基地，具有国际影响力的清真产品用品集散地，西部独具特色的旅游目的地和重点面向穆斯林世界的国际旅游目的地。

一、搭建发展内陆开放型经济战略平台

1. 办好中国—阿拉伯国家博览会

积极争取，将中阿经贸论坛尽快上升为中阿博览会，全方位搭建国家级、国际性、永久性的经贸、能源、投资、金融、旅游和人力资源培训等领域的国际交流与合作新平台，形成我国与阿拉伯国家及世界穆斯林地区之间对话的长效机制。加快中阿博览会永久会址建设，重点建设悦海湾总部经济区，主要包括国际博览中心、阿拉伯国家外宾接待中心、阿拉伯国家领事馆区等功能区。

我爱宁夏

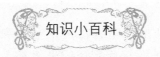

知识小百科

宁洽会暨中阿经贸论坛

中国—阿拉伯国家博览会前身为中国（宁夏）国际投资贸易洽谈会暨中国·阿拉伯国家经贸论坛。2010年至2012年，宁洽会暨中阿经贸论坛已连续成功举办三届，逐步发展为具有国际影响力的国家级、国际性经贸合作的重要平台。三年来，18位中外领导人、195位中外部长级官员及93位外国驻华使节莅临大会；76个国家、地区和国际机构，5000多家国内外企业，30000多名客商参会参展；共签订合同项目201个，合同金额2547.56亿元。经国务院批准，自2013年起，将中国（宁夏）国际投资贸易洽谈会暨中国·阿拉伯国家经贸论坛更名为中国—阿拉伯国家博览会。中国—阿拉伯国家博览会由商务部、贸促会和宁夏回族自治区人民政府共同主办，每年举办一届。

∧ 中阿博览会的前身为中阿经贸论坛，该论坛由中国商务部、贸促会和宁夏回族自治区政府共同举办，自2010年起已连续举办了三届。

2.建设综合保税区

按照一区多园的思路，先后在银川空港和惠农陆港设立综合保税区。加快建设保税区海关电子监管信息系统、交通物流等基础设施，稳步推进出口加工、保税物流、航空配送、仓储分拨、冷链保鲜等业务。加快建设电子口岸，构建大通关机制，形成重点服务于我国西部及阿拉伯国家与世界穆斯林地区的大型数据交换中心和国际性物流结算中心。

3.推进社会文化大交流

重点开展与阿拉伯国家及世界穆斯林地区在旅游、科技、教育、文化展示、医疗卫生、文艺演出、广播电视、新闻出版、体育赛事和环境保护等方面的交流合作，逐步成为中华文明与伊斯兰文明对话的重要阵地。不断扩大宁夏有关高等院校与阿拉伯国家及世界穆斯林地区之间的留学生互派，鼓励有条件的企业实施"走出去"战略，开展对外投资，尤其是与中东、西亚、中亚、北非国家开展能源开发合作。着力打造宁夏穆斯林劳务品牌，大力发展服务外包和海外工程承包。

二、构建现代产业群

1.建设国家综合能源基地

采用国际一流装备、技术和管理，高水平建设宁东国家级大型煤电化基地。重点建设一批大中型安全高效现代化矿井。加快煤制烯烃、煤制油、煤制气、煤制芳烃联产烯烃等煤化工示范项目建设，着力延伸煤化工产业链，推进宁东煤电化产业向高端、高技术、高附加值方向发展。充分发挥宁夏位于北煤南运、西气东输和中东、西亚、中亚石油天然气进入中国内地综合枢纽的优势，依托国家规划建设的西北能源通道，积极推进与中东、中亚、西亚地区的能源合作开发和"阿油进宁"。依托新亚欧大陆桥铁路

我爱宁夏

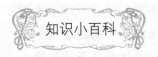

知识小百科

宁东能源化工基地

　　宁夏宁东能源化工基地位于自治区首府银川市灵武境内。基地规划建设分为远景规划区和规划区两部分。一期为 2003 年到 2010 年，二期为 2010 年至 2020 年。包括煤、电、煤化工三大产业项目和基础设施建设项目。总体目标：规划到 2020 年，形成煤炭生产能力 1.1 亿吨，电力装机 2000 万千瓦以上，煤炭间接液化生产能力 1000 万吨，煤基二甲醚生产能力 200 万吨，甲醇生产能力 170 万吨。初步测算，基地总投资将达到 2055.66 亿元，全部项目建成后，将新增工业增加值约 297.6 亿元，并拉动其他行业形成产值 897.39 亿元。届时，宁东能源化工基地将建设成为以煤炭、电力、煤化工三大产业为支撑，全国重要的千万千瓦级火电基地、煤化工基地和煤炭基地。

宁东能源重化工基地 >

和管线运轨枢纽优势，不失时机建设国家大型石化基地，成品油及其它石化产品，自觉地服务于国内外市场需求。

2. 建设国家重要的战略性新兴产业基地

加快发展新能源、新材料、先进装备制造、生物医药、新一代信息产业等战略性新兴产业。建设我国新能源开发示范区，重点打造贺兰山东麓、宁东、盐池等百万千瓦风电基地，加快风机制造及配套产业发展。扩大太阳能发电规模，重点利用沙漠、戈壁等集中建设规模化光伏电站。围绕钽铌铍钛稀有金属新材料、铝镁合金及轻金属材料、碳基材料、复合材料，建设具有世界影响力的钽铌铍钛产业核心技术研发中心和生产基地以及新材料产业基地。加快发展数控机床、大型铸件、铁路牵引变压器、精密轴承、智能化成套输配电设备等装备产业。培育发展高附加值生物发酵、生物医药和生物制剂产品等生物产业。大力发展新一代信息技术产业，推动云计算等高端信息产业发展，打造中国云计算"硅谷"。

3. 建成全国重要的清真产品用品集散地

充分发挥"天下黄河富宁夏"的农业优势，发展精品高端农业，重点打造优质粮食、生态枸杞、特色林果、绿色有机瓜菜、生态渔业、高端乳

∧ 宁夏贺兰山风电场

我爱宁夏

制品、清真牛羊肉等优势特色产业带。发挥清真食品认证优势，加强宁夏清真食品认证中心建设，使其尽快上升为国家清真食品认证中心，积极推进国内清真产品用品标准化与规范化生产，从而有效引领全国清真产业发展。同时积极开展清真食品的国际互认，推动清真产业国际化步伐。加强清真产品用品研发，扶持出口龙头企业的生产与销售。建设国家级清真产业园区和清真产品综合交易中心，促进清真产业可持续健康发展。21世纪谁先扛起清真安全食品的大旗，必将引起全世界青睐的目光。

三、打造"两大"旅游目的地

围绕塞上江南自然风光、回族穆斯林文化、黄河文化、西夏文化和红色文化等优势资源，一方面要不断完善沙湖、沙坡头、水洞沟、西夏王陵等精品景区建设，加强与周边地区的合作，打造精品线路，提升旅游品质，丰富旅游内容，增强对游客的吸引力；同时要提前谋划，有步骤地抓好西夏王陵、贺兰山岩画、水洞沟、须弥山石窟、火石寨丹霞地貌等自然文化遗产的联合申遗工作，形成宁夏旅游业的梯次发展。另一方面要重点建设回乡文化园、国际健康城、世界穆斯林文化城等旅游项目，积极开展国际旅游合作，重点拓展面向穆斯林世界的旅游市场，打造我国西部独具特色的旅游目的地和阿拉伯国家及穆斯林地区首选旅游目的地。

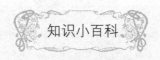

知识小百科

中华回乡文化园

中华回乡文化园位于永宁县纳家户清真大寺北侧，紧临京藏高速公路永宁出口处，依托古老的纳家户清真大寺和回族风情浓郁的纳家户村所建，以展示伊斯兰建筑文化、礼俗文化、饮食文化、宗教文化、农耕与商贸文化为特色。园区内建有回族博物院、礼仪大殿、回族商贸一条街、回乡人家等，其中的博物馆是全国最大的一座回族博物馆，占地7000平方米，整体建筑为"回"字形，让游客在漫步历史长廊的过程中，领略回族历史的渊源流长和回族文化的博大精深。已成为形象鲜明、特色突出和配套基础设施较为完善的旅游景区，具备了良好的发展基础。它的建立填补了我国回族历史文化系统陈列展示的空白，为西部地区民族文化建设和文化景点建设增添了一道亮丽的风采。

图片授权

全景网

壹图网

林静文化摄影部

敬　启

本书图片的编选，参阅了一些网站和公共图库。由于联系上的困难，我们与部分入选图片的作者未能取得联系，谨致深深的歉意。敬请图片原作者见到本书后，及时与我们联系，以便我们按国家有关规定支付稿酬并赠送样书。

联系邮箱：932389463@QQ.com